高等职业教育新能源汽车类专业教材

新能源汽车
故障诊断技术

孙志刚　朱立东◎主　编
刘尚达　邢海波　董文卓◎副主编
王景海◎主　审

人民交通出版社股份有限公司

北　京

内 容 提 要

本书是高等职业教育新能源汽车类专业教材。全书包括6个项目、12个工作任务,主要介绍了新能源汽车故障诊断基础认知、动力蓄电池管理系统故障诊断与排除、驱动电机及控制系统故障诊断与排除、智能钥匙系统故障诊断与排除、充电系统故障诊断与排除、空调系统故障诊断与排除。

本书可作为职业院校新能源汽车技术、新能源汽车检测与维修技术等专业的教学用书,也可作为新能源汽车维修专业培训用书和相关技术人员的参考书。

图书在版编目(CIP)数据

新能源汽车故障诊断技术/孙志刚,朱立东主编
. —北京:人民交通出版社股份有限公司,2023.8
ISBN 978-7-114-18898-5

Ⅰ.①新… Ⅱ.①孙… ②朱… Ⅲ.①新能源—汽车—故障诊断—高等职业教育—教材 Ⅳ.①U469.707

中国国家版本馆CIP数据核字(2023)第135041号

书　　　名:	**新能源汽车故障诊断技术**
著 作 者:	孙志刚　朱立东
责任编辑:	张一梅
责任校对:	孙国靖　刘　璇
责任印制:	张　凯
出版发行:	人民交通出版社股份有限公司
地　　　址:	(100011)北京市朝阳区安定门外外馆斜街3号
网　　　址:	http://www.ccpcl.com.cn
销售电话:	(010)59757973
总 经 销:	人民交通出版社股份有限公司发行部
经　　　销:	各地新华书店
印　　　刷:	北京市密东印刷有限公司
开　　　本:	787×1092　1/16
印　　　张:	12.5
字　　　数:	278千
版　　　次:	2023年8月　第1版
印　　　次:	2023年8月　第1次印刷
书　　　号:	ISBN 978-7-114-18898-5
定　　　价:	38.00元

(有印刷、装订质量问题的图书,由本公司负责调换)

》前言

随着新一轮科技革命和产业变革深入推进,汽车与能源、交通、信息通信等领域加速融合,汽车的电动化、网联化、智能化、共享化成为汽车产业发展的主流和趋势。为了对接汽车产业发展新趋势,满足新能源汽车领域高质量发展对高素质技术技能人才的需求,推动职业教育专业升级和数字化改造,提高人才培养质量,吉林电子信息职业技术学院、吉林工业职业技术学院、吉林铁道职业技术学院、吉林科技职业技术学院、江西交通职业技术学院共同编写了高等职业教育新能源汽车技术专业理实一体化教材。

本套教材编写深入贯彻落实党的二十大对教材建设与管理作出的新部署新要求,遵循知识和技能并重的改革方向,根据高等职业教育的特点以及高职高专院校学生的学习情况进行编写,具有以下特点:

(1)教材编写依据特定的工作任务,选取适度够用的理论知识,以学生的操作技能和职业素养培养为核心,围绕典型工作任务设计教学项目,突出知识的实用性、综合性和先进性。教材内容设置以学生为中心,由浅及深、循序渐进,每本教材均配有"任务工单",实现了理论实践一体化。

(2)教材融入了丰富的课程思政元素、党的二十大精神内容,选取国产汽车品牌进行讲解,培养学生的民族品牌意识,增强对民族品牌汽车的自信度,体现立德树人教育目标,实现思想政治教育与技术技能培养的有机统一。

(3)教材编写过程中广泛联系行业企业,深入了解行业企业对本专业人才的实际需求,由相关企业提供了配套的教学资源和技术支持,行业企业人员深度参与教材编写与开发。

(4)教材配套了丰富的教学资源,教材的知识点以二维码链接动画、视频资源,所有教材配有课件、习题及答案等,满足学生个性化学习的需求,提升教材使用体验。

《新能源汽车故障诊断技术》围绕现场典型工作任务共设计6个教学项目,每个项目设计2个工作任务,在实施过程中以学生亲历完整工作过程为原则,以了解新能源汽车故障诊断方法、正确使用新能源汽车维修工具设备、解决实际故障、拓宽诊断故障思路为目的。本书注重培养学生在职业生涯中的专业能力、方法能力和社会能力。强化收集、分析和组织故障诊断与排除工作所需信息的能力;强化依照检修标准作业,优化故障诊断工作流程,协调配合工作的能力;强化工作中自我控制、自我管理及开展有效工作评价的能力;强化团队精神、职业道德、安全环保意识、质量和服务意识。本书语言精练、图文并茂,易学易懂易用;内容翔实,保持诊断与维修汽车故障相关知识技能的完整性与系统性。

本书由吉林铁道职业技术学院孙志刚、朱立东任主编,刘尚达、邢海波、董文卓任副主编,吉林工业职业技术学院王景海任主审,吉林铁道职业技术学院郭星晨、丁一启参编。本书编写分工为:孙志刚编写项目二、项目三,并负责全书统稿;朱立东编写项目四、项目五,并负责视频资源制作;刘尚达编写项目一及习题;邢海波、董文卓、郭星晨、丁一启编写项目六及课程思政内容。

作者在本书编写过程中查阅了大量书籍、文献和资料,引用了相关网络资源,广泛参考借鉴了国内外新能源汽车方面的研究成果,得到了长春康嘉教学设备有限公司和深圳霖汉科技发展有限公司的帮助和支持,在此一并向其表示感谢。

由于作者水平有限,书中难免有疏漏之处,敬请业内专家和广大读者批评指正。

作　者
2023 年 6 月

>> 目录

新能源汽车故障诊断基础认知

知识目标

(1) 了解新能源汽车的高压保护措施。

(2) 能够正确识别新能源汽车高压部件。

(3) 能够正确使用高压检测工具。

(4) 掌握基本维修操作规程。

(5) 掌握对高压部分进行绝缘检查和互锁检查的方法。

(6) 掌握车载诊断仪解码仪针脚意义及故障诊断过程。

技能目标

(1) 能够描述新能源汽车维修工具的类型和作用。

(2) 能够描述新能源汽车检测设备的类型和作用。

(3) 能正确读取数据流及故障码。

(4) 能够运用仪表正确测量诊断接口。

素质目标

(1) 能够制订工作计划,独立完成工作学习任务。

(2) 能够在工作过程中与小组其他成员合作、交流,并进行学习任务分工,具备团队合作意识和安全操作意识。

(3) 养成服从管理、依据企业 6S 管理模式规范作业的良好工作习惯。

(4) 培养安全工作的意识和习惯。

▶ 学时:8 学时

任务1 新能源汽车维修安全操作

任务描述

新能源汽车上存在高压电,这一点与传统燃油汽车有区别。作为维修技术人员,要懂得车辆各种保护措施,要熟悉新能源汽车维修工具及检测设备配置,能够详细地介绍汽车自诊断系统与诊断仪的结构功能,并能按正确的操作规程对车辆进行检查,完成各类故障的诊断与排除。

一、知识准备

高压配电系统
认知

(一) 车辆的电气防护

新能源汽车上存在高压电,为了保证驾驶安全和维修安全,必须进行必要的电气防护。防护的措施主要有:高压正极和高压负极使用各自单独的高压线;系统带有等电位线,用于引开接触电压;插头和连接均有接触保护;动力蓄电池上有可控的高压正极触点和高压负极触点;动力蓄电池上安装有维修开关,在拔下维修开关后高压断电或电压下降;采用电缆绝缘 DC/DC 转换器;高压部件内的中间电容器会进行放电;高压元件上有互锁安全线;高压元件采用绝缘监控;在识别出碰撞时,动力蓄电池上的高压触点就会断开。

1.高压电气网络防护

对于新能源汽车的高压部分,电气网络结构决定从供电器(比如动力蓄电池)到用电器(比如电机)的电能传输路径。

2.高压电缆防护

高压正极和高压负极使用各自单独的高压电缆(高压线)。高压正极和高压负极通过各自单独的导线与高压部件相连接,车身不用作搭铁。新能源汽车的高压电缆一般都是橙色的。某新能源汽车单芯高压电缆的结构如图 1-1 所示。双芯高压电缆的结构如图 1-2 所示。

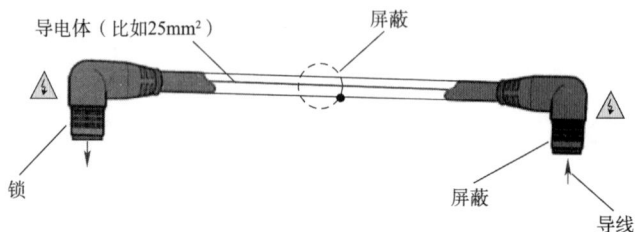

图 1-1 某新能源汽车单芯高压电缆的结构

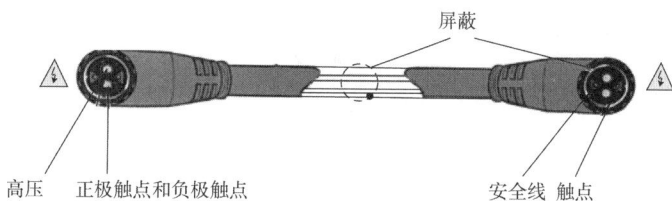

图 1-2 某新能源汽车双芯高压电缆的结构

3.插头的接触保护和插座的接触保护

新能源汽车的高压插头和插座都具有特殊的结构形式。某新能源汽车高压插头的结构如图 1-3 所示。高压插座的结构如图 1-4 所示。

图 1-3 某新能源汽车高压插头的结构

图 1-4 某新能源汽车高压插座的结构

4.维修开关

新能源汽车上都装有维修开关,在维修时将插头拔下,保证维修时断开高压电。拔下维修开关,安全线便中断,动力蓄电池内部的连接也就断开了。某新能源汽车动力蓄电池内部维修开关线路和维修开关熔断丝如图 1-5 所示。

图 1-5 某新能源汽车动力蓄电池内部维修开关线路和维修开关的熔断丝

5.高压系统的高压互锁

高压互锁安全回路是个环形线路,通过低压电网来监控高压电网。不可在未断开安全线的情况下就拔下高压插头。如果安全回路线断路,会导致高压系统立即被切断,对高压系统进行保护。某新能源汽车高压互锁回路如图 1-6 所示。

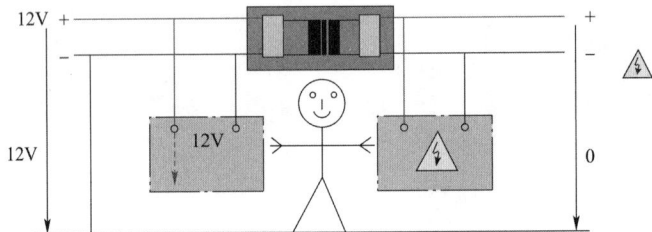

图1-6　某新能源汽车高压互锁回路

DC/DC模块检测
知识学习

6. DC/DC 转换器内的安全防护

电气分离装置将DC/DC转换器的初级线圈和次级线圈分离开。与车身搭铁的连接仍是接在12V车载供电网上。因此,初级线圈和次级线圈之间就不会有电压了。某新能源汽车DC/DC转换器内的安全防护原理如图1-7所示。

图1-7　某新能源汽车DC/DC转换器内的安全防护原理

7. 电容器放电

在电机控制单元(Motor Control Unit,MCU)或功率电子装置内安装有电容器。电容器具有放电作用,通过放电可以消除功率电子装置内电容器上的残余电压。主动放电是由新能源汽车的管理系统来操控的,每次切断高压系统或者中断控制线,都会发生主动放电过程。被动放电是在高压部件拆卸的情况下把残余电压消除掉。为了能把残余电压可靠消除掉,在拔下维修开关后,需要等一段时间,然后才可以开始高压部件的检修工作。

(二) 新能源汽车维修的安全操作规程

新能源汽车的维修人员需具备一定的资质,遵守一定的安全操作规范。

高压作业安全
规定

1. 维修高压车辆人员资质

维修新能源汽车的人员必须参加过厂家电气的培训,经过授权可以检修有高压系统的车辆,并能给车辆标识和对工作场所进行防护。维修人员需获得国家电工作业资格,参加过新能源汽车高压系统维修的资格培训(电动汽车、燃料电池汽车),经销商内部认可后可以从事车辆高压系统维修工作。

2. 高压技术人员的主要工作

高压技术人员的主要工作有断开高压系统供电并检查是否绝缘;严防高压系统重新合闸;将高压系统接通,重新投入使用;对高压系统上的所有作业负责;培训和指导经销商内部所有与高压系统车辆相关的人员,使这些人员在监督下能执行高压工作。

3. 车辆标识和工作区安全

维修车间内配备有高压装置的车辆,必须做上标识。使用专用的警示标牌,工作区必须防止其他人员进入。

4. 高压维修的操作规程

在检查或维修高压系统时,请遵循以下安全措施:关掉点火开关,将钥匙妥善保管;断开低压蓄电池负极端子;戴好绝缘手套;拆除维修开关;等待 10min 或更长时间高压电器电容放电;用绝缘乙烯胶带包裹被断开的高压线路插接器。

5. 检查绝缘手套的方法

在使用绝缘手套前,请确认有无裂纹、磨损以及其他损伤。侧位放置手套,卷起手套边缘,然后松开 2～3 次,折叠一半开口封住手套,确认无空气泄漏,则证明绝缘手套完好。绝缘手套的检查流程如图 1-8 所示。

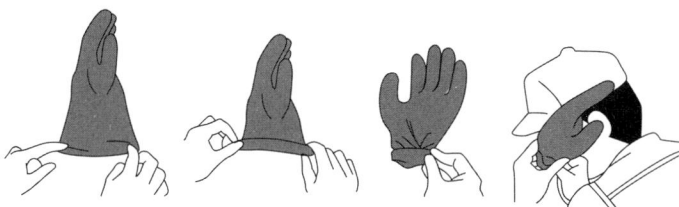

图 1-8　绝缘手套的检查流程

6. 检修高压系统时注意事项

在检修高压系统时应注意以下事项:所有橙色的线均带高压,可能危及生命;不得将喷水软管和高压清洗装置直接对准高压部件;高压插头上不可使用润滑油、润滑脂和触点清洗剂等;在高压导电部件附近进行检修工作时,必须先让系统断电。在进行焊接、用切削工具加工以及尖锐工具进行操作时,必须先让系统断电;所有松开的高压插头必须严防进水和污物;损坏的导线必须予以更换;佩戴有电子/医学生命和健康维持装置(比如带心脏起搏器)的人员不得检修高压系统(包括点火系统);必须使用合适的测量仪器;检修进水的高压系统时要非常小心,特别是潮湿的部件是非常危险的。

7. 恢复系统运行

在新能源汽车维修完毕后,要由高压电技师恢复系统运行。要目测检查所有的高压连接以及高压系统的接插口和螺孔连接都正确锁止,所有的高压电缆都无法被触碰到,是否电压平衡、电缆清洁并无法被触碰到,插入维修开关并把它锁闭。打开点火开关读取所有系统的故障码。把"高压系统已关闭"的警示标签从车辆上移除。在车辆显眼的位置贴上"高压系统已激活"的警示标签。

(三)通过断电检查判断故障

以大众车型为例,在断电之后检查断电情况。图 1-9 所示为大众车型检查断电检查工具。

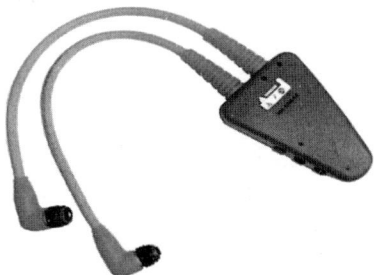

图 1-9　大众车型断电检查工具

1. 在动力蓄电池处检测是否断电

图 1-10 为在动力蓄电池处检测是否断电的示意图。图 1-10 中电压表的读数与电压表断路相同,则能够确认高压动力蓄电池断电。

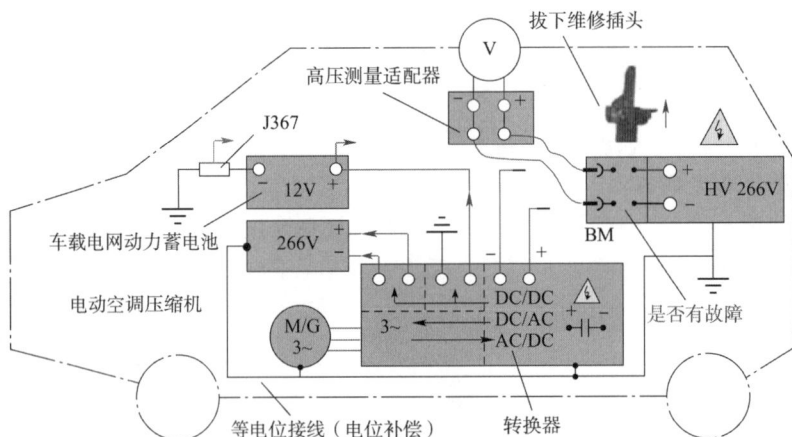

图 1-10　在动力蓄电池处检测是否断电示意图

J367-动力蓄电池监控控制单元;M/G3-电动机

2. 动力蓄电池负极和搭铁端之间检测是否断电

图 1-11 为动力蓄电池负极和搭铁端之间检测断电示意图。图 1-11 中电压表的读数应为 0。如果在测量中电压出现更高的值,则说明在动力蓄电池正极和搭铁端之间存在搭铁故障或者短路。

在动力蓄电池正极和搭铁端之间检测断电与动力蓄电池负极和搭铁端之间检测断电的情况类似。

图 1-11　在动力蓄电池负极和搭铁端之间检测是否断电示意图

3. 在转换器的蓄电池连接处检测是否断电

图 1-12 为在转换器的蓄电池连接处检测是否断电示意图。检查图 1-12 中电压表的测量值是否低于 7V。打开点火开关,关闭点火开关,重新测量,点火开关的转换会导致中间电

路电容的放电。再次观察测量值是否会低于7V。如果在测量中电压出现更高的值,则说明中间电路电容放电没有完成或转换器有故障。

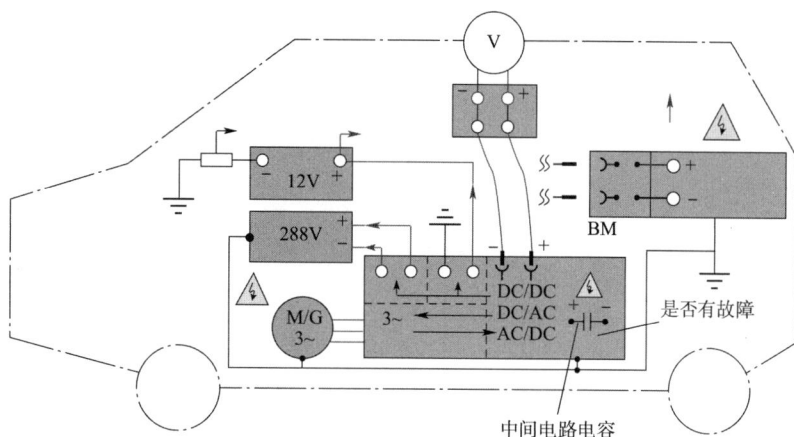

图 1-12　在转换器的蓄电池连接处检测是否断电示意图

(四)高压互锁的检查

设计高压互锁回路(High Voltage Interlock,HVIL)的目的是使整车在高压供电前确保整个高压系统的完整性,使高压在一个封闭的环境下工作,提高安全性;当整车在运行过程中高压系统回路断开或者完整性受到破坏时,需要启动安全防护;防止带电插拔高压插接器给高压端子造成的拉弧损坏。图 1-13 所示为某新能源汽车高压互锁回路。

图 1-13　某新能源汽车高压互锁回路

引起高压互锁故障的原因通常为某个高压插件未插入或未插到位,如正温度系数(Positive Temperature Coefficient,PTC)热效电阻、DC/DC、高压控制盒、车载充电机、空调压缩机高低插接件未插入。图 1-14 所示为高压插件互锁端子缺失和高压插接器未插到位。

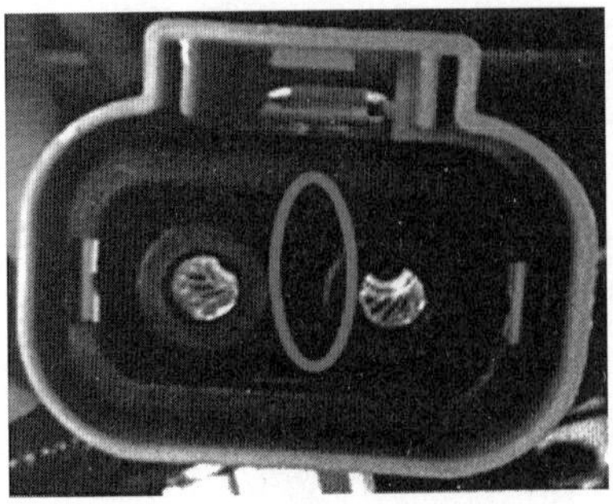

a) 互锁端子缺失 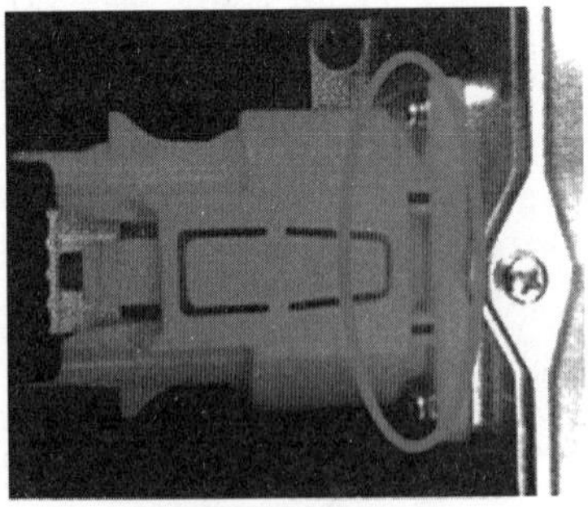　　　　　　　　　b) 插接器未插到位

图 1-14　高压插件互锁端子缺失和高压插接器未插到位

(五) 新能源汽车维修工具及检测设备的使用

1. 常用的新能源汽车维修工具及检测设备

除了传统的维修工具和检测设备外,新能源汽车因为存在高压电路,有专用的维修工具及检测设备。常用的新能源汽车维修工具及检测设备见表 1-1。

常用的新能源汽车维修工具及检测设备　　　　　　　表 1-1

序号	类型	工具设备名称	规格要求	单位	备注
1	拆装工具	绝缘扳手	高压电维修绝缘工具,耐压 1000V	套	—
		绝缘螺丝刀			
		绝缘套筒			
2	检测仪表	数字式万用表	符合 CATⅢ要求	个	如 FLUKE 系列万用表
3		数字电流钳	符合 CATⅢ要求	台	如 FLUKE321
4		高压绝缘测试仪	符合 CATⅢ要求	台	如 FLUKE1587
5	诊断仪器	专用车型诊断仪	对应车型	套	如北汽 BDS、比亚迪 ED400、ED1000
6	防护用品	绝缘台	耐压≥10kV	台	—
7		绝缘手套	耐压≥10kV	副	—
8		绝缘靴	耐压≥10kV	双	—
9		护目面罩(护目镜)	耐压≥10kV	副	—

2. 绝缘拆装工具

(1)绝缘的概念。绝缘是指用不导电的物质(绝缘材料)将带电体隔离或包裹起来,以对触电起保护作用的一种安全措施。

(2)绝缘的必要性。良好的绝缘是保证设备和线路运行的必要条件,也是防止触电事故、漏电、短路的重要措施。

(3)绝缘材料的作用。绝缘材料除了上述作用外还起着其他作用:散热冷却、机械支撑和固定、储能、灭弧、防潮、防雾以及保护体等。

(4)绝缘拆装工具。绝缘工具是采用绝缘材料进行加工并适用于电气系统拆装等操作的实用工具。新能源汽车涉及高压的部分零部件拆装必须使用绝缘拆装工具。绝缘拆装工具必须有耐压1000V以上的绝缘柄。绝缘拆装工具如图1-15所示。

图1-15　绝缘拆装工具

3.检测仪表

新能源汽车维修中使用的检测仪表有数字式万用表、绝缘电阻测试仪(如手摇绝缘电阻表、高压绝缘测试仪)等。

1)数字式万用表

数字式万用表应符合CATⅢ安全级别的要求,图1-16所示是Fluke 87数字式万用表。

数字式万用表通常具备以下检测功能:

(1)交流/直流(AC/DC)电压、电流;

(2)电阻;

(3)频率(Hz);

(4)温度(TEMP);

(5)二极管;

(6)连通性;

(7)电容;

(8)绝缘测试(低压)。

图1-16　Fluke 87数字式万用表

有些汽车专用的万用表,还具有检测转速(r/min)、百分比(占空比%)、脉冲宽度(ms)以及读取故障码等功能。

2)绝缘电阻测试仪

新能源汽车的运行情况非常复杂,在运行过程中难免会出现部件间的相互碰撞、摩擦、挤压,导致高压电路与车辆底盘之间的绝缘性能下降。电源正负极引线将通过绝缘层和底盘构成漏电流回路。当高压电路和底盘之间发生多点绝缘性能下降时,还会导致漏电回路的热积累效应,可能造成车辆的电气火灾。因此,高压电气系统相对车辆底盘的电气绝缘性能实时检测是新能源汽车电气安全技术的核心内容。检测电气绝缘性能时,需要使用专用的绝缘测试仪器,测量高压电缆及部件对车身绝缘电阻是否位于规定值范围内。

最常用的测试仪器就是绝缘电阻表,但是其他类型的仪器也可以用来检查不同绝缘类型的完整性。绝缘电阻测试仪器在实际工作中一般被分类为绝缘电阻测试仪。这类仪器中,一些测试仪器是多功能的,除了绝缘电阻测试外,还可以用来进行其他的测量。利用数字式万用表、绝缘电阻表、绝缘测试多用表或耐压测试仪都可以完成绝大多数的绝缘测试。所有这些仪器具有不同的名称,但都可以被称为绝缘电阻测试。如图 1-17 所示,前排(从左到右)分别为 Fluke 1503 绝缘测试仪、Fluke 1507 绝缘测试仪、Fluke 1577 绝缘多用表和 Fluke 1587 绝缘多用表;后排(从左到右)为 Fluke 1550B5kV 绝缘电阻表和 Fluke 1520B5kV 绝缘电阻表。

常用的绝缘电阻表是手摇绝缘电阻表,俗称摇表,是用来测量大电阻和绝缘电阻的检测仪表,计量单位是兆欧(MΩ),故又称兆欧表。绝缘电阻表的种类有很多,但其作用大致相同,图 1-18 所示为常见的手摇绝缘电阻表。

图 1-17　各种类型的绝缘电阻测试仪

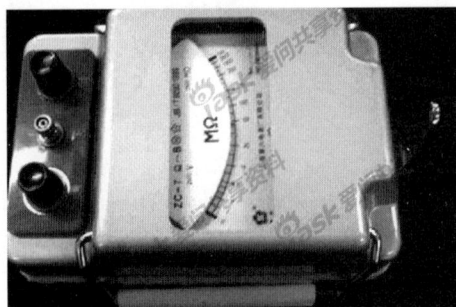

图 1-18　手摇绝缘电阻表

选用绝缘电阻表时,规定绝缘电阻表的电压等级应高于被测物的绝缘电压等级。测量额定电压在 500V 以下的设备或线路的绝缘电阻时,可选用 500V 或 1000V 绝缘电阻表;测量额定电压在 500V 以上的设备或线路的绝缘电阻时,应选用 1000～2500V 绝缘电阻表;测量绝缘子时,应选用 2500～5000V 绝缘电阻表。一般情况下,测量低压电气设备绝缘电阻时可选用 0～200MΩ 量程的绝缘电阻表。

图 1-19　Fluke 317 钳形电流表

不论是 500V 的绝缘电阻表,还是 2500V 的绝缘电阻表,只要在指针不为零的情况下,匀速摇(约 120r/min),指针就会稳定在表盘的某个位置,根据表盘的显示数值和空格,就可以正确读出所测线路的绝缘电阻。

3)数字电流钳

在新能源汽车维修与诊断时,经常会需要测量导线中的电流。由于驱动系统的导线(如逆变器与电动机之间)存在较大的交变交流,因此,必须使用钳形电流表进行间接测量。

目前常用的钳形电流表有 Fluke 317 等,如图 1-19 所示。其工作部分主要由一只电流表和穿心式电流互感器组成。穿心式电流互感器铁芯制

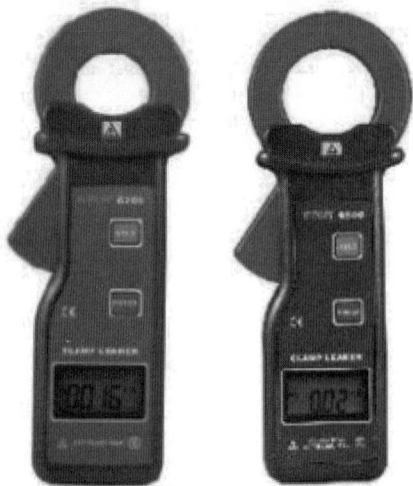

成活动开口,且呈钳形,故名钳形电流表。它是一种不需要断开电路就可直接测电路交流电流的携带式仪表。

钳形电流表的原理是建立在电流互感器工作原理基础上的,当握紧钳形电流表扳手时,电流互感器的铁芯可以张开,被测电流的导线进入钳口内部作为电流互感器的一次绕组。当放松扳手铁芯闭合后,根据互感器的原理而在二次绕组上产生感应电流,从而指示出被测电流的数值。

Fluke 317 钳形表具有如下特性:

(1)独特的 40A 小量程、高准确度电流测试,可实现 0.01A 高分辨率以及 1.6% 高精度测量。

(2)钳头纤薄、体型轻便,更加适合易于在狭窄空间内使用。

(3)大型的背光显示,便于在黑暗的环境下使用。

(4)起动电流功能,可以测量诸如电动机和照明等设备的起动电流。

(5)电流频率测量。

(6)精确度高于 0.01A 和 0.1V。

(7)交流/直流电流测量。

(8)交流/直流电压测量。

(9)电阻测量。

二、任务实施

(一)工作准备

(1)防护装备:常规实训着装。

(2)车辆、台架、总成:无。

(3)专用工具、设备:绝缘拆装工具、检测仪表、各车型故障诊断仪器。

(4)手工工具:无。

(5)辅助材料:无。

所需要设备及工具见表1-2。

设备及工具清点表 表1-2

名称	数量	清点	名称	数量	清点
整车(秦EV)	1	□清点	个人防护套装	2	□清点
道通 MS908E 汽车故障诊断仪	1	□清点	工位防护套装	1	□清点
数字式万用表	1	□清点	一体化工量具	1	□清点
钳形电流表	1	□清点	万用接线盒	1	□清点
绝缘测试仪	1	□清点			

(二) 实施步骤

1. 工作任务

作为维修技术人员,要熟悉新能源汽车维修工具及检测设备配置,能够详细地介绍汽车自诊断系统与诊断仪的结构功能,并能按正确的操作规程车辆进行检查,完成各类故障的诊断与排除。请完成常用维修工具的认知。

2. 拆装工具认知

(1)根据实训室的配备,分别认识各种绝缘拆装工具的外观、型号、规格和用途。

(2)根据实训室的条件,采用绝缘拆装工具,拆装新能源汽车相关部件。

3. 检测仪表认知

根据实训室的配备,分别认识以下检测仪表的外观、型号、规格和用途。

(1)数字式万用表。

(2)钳形电流表。

(3)绝缘测试仪。

4. 诊断仪器认知和使用

(1)根据实训室的配备,分别认识各车型故障诊断仪器的外观、型号、规格和用途。

(2)根据实训室的配备,参照"知识准备"内容,使用现有的故障诊断仪进行故障码读取。

5. 现场 6S 整理

进行现场 6S 整理。

任务2　解码器诊断接口无法通信故障与排除

任务描述

起动新能源车辆后发现仪表无任何显示,第一反应为全车无电,通过按压喇叭识别声音响度可初步判断低压蓄电池电压是否正常,可先检查机舱低压线束及蓄电池电压。本着故障诊断流程从简到难的原则,首先使用诊断仪进行诊断,发现诊断仪与全车模块不能通信。请完成相关的检测任务。

一、知识准备

(一) 车载诊断(OBD)系统端口认知

新能源汽车故障诊断仪是用于检测汽车故障的便携式智能汽车故障自检仪,也称为汽车计算机检测仪。用户可以利用它迅速地读取汽车电控系统中的故障,并通过液晶显示屏显示故障信息,迅速查明发生故障的部位及原因。目前,市场常见有三种类型故障解码器:常规车载诊断解码器(如车载 OBD 诊断系统)、通用型解码器(涵盖市面上大部分车型,如道通、元征等品牌)、原厂专用解码器(由汽车厂家开发和授权,给经销商使用)。现以车载 OBD 诊断系统为例来介绍如何规范地使用诊断仪。

1. 车载诊断系统概述

OBD Ⅱ 的全称是 On Board Diagnositics Ⅱ,翻译成中文是车载诊断系统。为使汽车排放和驱动性相关故障的诊断标准化,从 1996 年开始,凡在美国销售的全部新车,其诊断仪器、故障编码和检修步骤必须相似,即符合 OBD Ⅱ 程序规定。为保证车辆使用过程中排放控制性能的耐久性,我国在《轻型汽车污染物排放限制及测量方法(中国Ⅲ、Ⅳ阶段)》(GB 18352.3—2005)中明确要求,"所有汽车必须装备车载诊断(OBD)系统,该系统能确保在汽车整个寿命期内识别出零件劣化或零件故障。"虽然新能源汽车不必使用 OBD-Ⅱ DLC 标准或 OBD-Ⅱ CAN 通信协议,但很多纯电动汽车的解码器都使用 OBD-Ⅱ 标准。

2. OBD Ⅱ 的作用

OBD Ⅱ 使得汽车故障诊断简单而统一,维修人员无须专门学习每一个厂家的新系统。OBD Ⅱ 的作用如下:

(1)随时检测零部件和系统的故障,保证汽车在使用寿命中的排放不超过 OBD 法规的要求。

(2)检测到相关排放故障时,OBD 系统可以用仪表板上的故障指示灯(Malfunction Indicater Lamp,MIL)进行报警。

(3)故障车辆能够得到及时修理,减少车辆排放。

(4)OBD 系统有助于技师迅速诊断故障,对症修理,降低维修成本。

3. 汽车 OBD Ⅱ 接口的定义

除了各种电源和地线之外,关键的有 CAN 线、ISO 0141-2 K 线、J1850 总线,接口也有很多种。

1)车载诊断连接口(DLC)

车载诊断连接口(Data Link Connector,DLC),是一个符合国际标准化组织(Intemational Organization for Standardization,ISO)标准的车载诊断接头,插头由 16 个针脚组成,每一个针脚均按照 ISO 标准定义。DLC 诊断座统一为 16 PIN 脚,并装置在驾驶室驾驶侧仪表板下方,如图 1-20 所示。图 1-20 中 DLC 诊断连接口各针脚的定义见表 1-3。

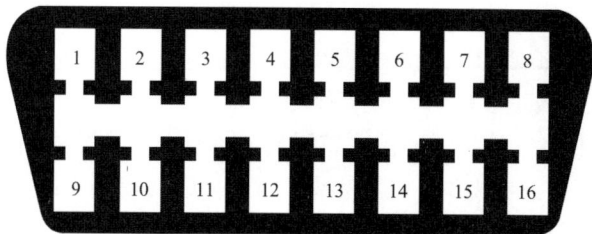

图 1-20 DLC 诊断连接口

DLC 诊断连接口各针脚号定义 　　表 1-3

针脚	定义	针脚	定义
1	厂家定义	9	厂家定义
2	SAE J1850 总线正	10	SAE J1850 总线负
3	厂家定义	11	厂家定义
4	车身地	12	厂家定义
5	信号地	13	厂家定义
6	ISO 15765-4 定义的 CAN-High 线	14	ISO 15765-4 定义的 CAN-Low 线
7	ISO 9141-2 和 ISO 14230-4 的定义的 K 线	15	ISO 9141-2 和 ISO 14230-4 的定义的 L 线
8	厂家定义	16	永久正电压

注意：1、3、8、9、11、12、13 未作分配,可由车辆制造厂定义;2、6、7、10、14、15 使用作诊断通信。根据实际使用的通信协议的不同,它们往往不会都被使用,未使用的可由车辆制造厂定义。对于不同的通信协议,有效的针脚也不同。

2)故障代码(DTC)

OBD 系统在汽车运行过程中实时监测驱动电机电控系统、高压系统及车辆的其他功能模块的工作状况,如果发现汽车的工况异常,则根据特定的算法判断出具体的故障,并以诊断故障代码(Diagnostic Trouble Codes,DTC)的形式存储在系统内的存储器上。DTC 共监测四个系统故障,由"一个字母和四个数字"组成,见表 1-4。

DTC 类型 　　表 1-4

显示	含义	显示	含义
B	Body 身体	2622	节气门位置输出电路高
C	Chassis 底盘	1226	右前轮轮速传感器的信号变化过大
P	Powertrain 动力系统	0101	空气流量传感器失常
U	Network 网络	3000	电子助力转向故障

(1)第一位是字母,表示故障所属系统;有如下的四种情况:P——Powertrain:动力系统故障;C——Chassis:底盘故障;B——Body:车身故障;U——Network:网络故障。

(2)第二位是数字,表示故障类型;有如下的四种情况:0——ISO/SAE 标准定义的故障码;1——制造商自定义的故障码;2——ISO/SAE 预留;3——ISO/SAE 预留。

(3)第三位是数字,表示故障所属的子系统;以对动力系统为例(P 开头的故障码),有以下的情况:0——燃油和空气计量辅助排放控制整个系统;1——燃油和空气计量系统;2——燃油和空气计量系统(喷油器);3——点火系统;4——废气控制系统;5——巡航、怠速控制系统;6——计算机和输出信号;7——传动系统控制;8——传动系统控制。

(4)最后两位也是数字,表示具体故障对象和类型。该部分内容遵循 ISO 15031-6 标准。

　　不同的传感器、执行器和电路分配了不同区段的数字,区段中较小的数字表示通用故障,即通用故障码;较大的数字表示扩展码,提供了更具体的信息,如电压低或高、响应慢、或信号超出范围。

(二)新能源汽车仪表警告及指示灯信息

　　以识别比亚迪秦 EV 仪表警告及指示灯信息为例来学习。

　　比亚迪秦 EV 仪表指示灯名称、图标及其工作逻辑见表 1-5。

比亚迪秦 **EV** 仪表指示灯名称、图标及其工作逻辑　　　　　　　　　　表 1-5

名称	图标	工作逻辑
转向指示灯		仪表通过硬线采集组合开关转向信号
远光灯指示灯		组合仪表接收到远光灯"开启"的控制器域网(Controller Area Network,CAN)信息时,点亮此灯并长亮;接收到远光灯"关闭"的 CAN 信息时,此灯熄灭,此指示灯和远光灯同步工作
示廓灯指示灯		从组合开关接收示廓灯开关信号(CAN)
前雾灯指示灯		从组合开关接收前雾灯开关信号(CAN)
后雾灯指示灯		从组合开关接收后雾灯开关信号(CAN)
驾驶人座椅安全带指示灯		从车身控制模块(BCM)接收安全带开关信号(CAN)
SRS 故障警告灯		从安全气囊系统接收安全气囊故障信号
ABS 故障警告灯		接收网关发送的防抱死制动系统(Antilock Brake System,ABS)故障信息,点亮指示灯。CAN 线断线点亮
驻车制动故障警告灯		从驻车制动开关接收驻车信号(硬线);从制动液位开关接收制动液位信号(硬线);当组合仪表采集到"电子制动力分配(Electronic Brake Force Distribution,EBD)故障"信号(CAN)
EPS 故障警告灯	(红色)	CAN 通信传输,电动助力转向系统(Electric Power Steering,EPS)控制单元发送 EPS 故障指示信号给组合仪表,仪表中央处理器(Central Processing Unit,CPU)命令指示灯点亮
智能钥匙系统警告灯		从智能钥匙系统读取钥匙信息(CAN)
前照灯调节指示灯(预留)		组合仪表采集前照灯调节单元的模式信号(CAN)
定速巡航主显示指示灯	(绿色)	CAN 通信传输,电机控制器发送开关量信号给组合仪表。仪表 CPU 根据信号处理此指示灯状态

名称	图标	工作逻辑
定速巡航主控制指示灯	SET(绿色)	CAN 通信传输,电机控制器发送开关量信号给组合仪表。仪表 CPU 根据信号处理此指示灯状态
车门和行李舱状态指示灯		从车身控制模块(BCM)接收各门和行李舱开关状态(CAN)
主告警灯	⚠	接收到故障信息及提示信息(除背光调节、车门及行李舱状态信息外)
充电系统故障警告灯	(红色)	CAN 线传输 DC 及充电系统故障信号,组合仪表控制指示灯点亮
动力蓄电池电量低指示灯	(黄色)	CAN 通信传输,动力蓄电池管理模块发送电池组电量过低报警信号给组合仪表。仪表 CPU 控制此指示灯点亮,指示灯点亮需与电量表进入红色区域同步
动力蓄电池充电连接指示灯	(红色)	硬线传输,充电感应开关闭合时,仪表点亮指示灯。充电感应开关断开时,仪表熄灭此指示灯
电机过热警告灯	(红色)	CAN 通信传输,电机控制器发送驱动电机过温报警信号给组合仪表,仪表 CPU 命令指示灯点亮
动力系统故障警告灯	(红色)	CAN 通信采集到蓄电池管理器、M2 电机控制模块的故障信号时,CPU 驱动指示灯点亮
OK 指示灯	OK(绿色)	M2 电机控制模块通过 CAN 发送"READY"指示灯点亮信号给组合仪表,仪表 CPU 控制此指示灯点亮
经济模式指示灯	ECO(绿色)	CAN 线传输,组合仪表 CPU 驱动指示灯工作
运动模式指示灯	SPORT(绿色)	CAN 线传输,组合仪表 CPU 驱动指示灯工作
电子驻车状态指示灯	(P)(红)	CAN 传输,组合仪表采集网关转发的 ID 为 0x218 报文信号,并根据报文的内容进行相应的指示
电机冷却液温度过高警告灯	(红色)	CAN 通信传输电机控制器的水温过高报警信号,仪表 CPU 控制此指示灯点亮
ESP 故障警告灯		从车身电子稳定系统(Electronic Stability Program,ESP)接收到 ESP 故障信号(CAN)
ESP OFF 警告灯	OFF	接收到 ESP 系统关闭信号(CAN)
胎压故障警告灯	(!)	从胎压监测系统接收到胎压故障信号(CAN)

(三) 故障诊断过程

1. 检测故障

一旦 OBD 系统检测到存在与计算机相连接的动力系统故障,包括任何能实现检测功能的相关的传感器电路连通状态不正常,则认为发生了故障。

2. 故障的指示

OBD 系统在检测到故障之后将会根据故障的状态进行如下处理:

(1)以相应的方式点亮、闪烁或熄灭故障指示器。

(2)对电子控制单元(Electronic Control Unit,ECU)内部添加、更新和删除故障相关信息,这些信息将可被标准的诊断仪通过标准的诊断接口读取。

3. 故障的确认与修复

OBD 系统对故障的处理因故障状态的不同而不同。为了对故障的状态进行更好的理解,必须明确故障的确认和修复两个概念。

(1)故障的确认:指从故障首次被 OBD 系统检测出来到被系统认定从而按照相应策略触发故障指示器(Malfunction Indicator,MI)的过程,一个故障在被确认之前称为偶发故障,在确认之后称为已确认故障。

(2)故障的修复:指 OBD 系统在故障被排除之后检测到故障已经不存在。故障的修复也有一个确认过程,对于偶发故障,OBD 检测到故障被修复后会直接清除故障记录。对于已认定修复的故障,OBD 系统会依据相应的故障处理策略对故障指示器和故障内存进行相应的操作。

4. 故障指示器(MI)

当连接与车载诊断系统任何零部件或车载诊断(OBD)系统本身发生故障时,MI 能清楚地提示汽车的驾驶人。MI 一般是一个可以在仪表板上显示且形状符合相应标准的指示灯。

5. 故障代码(DTC)

根据美国联邦政府要求的一项标准法规要求,OBD 系统必须具有识别可能存在故障的区域的功能,并以故障代码的方式将该信息储存在电控单元储存器内,美国汽车工程师学会(Society of Automotive Engineers,SAE)和 ISO 对诊断故障代码进行了标准化,它由 5 个字符组成,如上述提到的 B2622、C1226、P0101 等故障码。

(四) 诊断仪与车辆连接步骤

以道通 MS908E 汽车智能诊断仪使用连接为例。

步骤1:车辆工位、设备工具准备:车辆安全停放举升工位→配套安全防护设备、配套日常检查常用工具。

步骤2:道通 MS908E 汽车智能诊断仪连接:测试主线与虚通道(Virtual Channel Identifier,VCI)连接→USB 线与 VCI 连接→USB 线与平板显示器连接→测试主线连接到车辆 OBD Ⅱ诊断插口→注意车辆需处于下电状态→测试主线连接到车辆 OBD Ⅱ诊断插口,注意确定与车辆成功配对,如图 1-21 所示。

图 1-21　道通 MS908E 汽车智能诊断仪连接

步骤 3:诊断设备读取车辆参数信息及故障码:确定与车辆成功配对→打开诊断仪电源开关→屏幕解锁→点击"MaxiSyS"键→点击"诊断"键→点击"比亚迪"→点击"秦 EV"→选择控制单元(也可选择自动扫描)→选择检测模块,比如整车控制系统(Vehicle Control Unit,VCU)→读取故障码→界面显示当前车辆存在的故障码→返回上一界面,清除故障码,如图 1-22 所示。

图 1-22　诊断设备读取车辆参数信息及故障码

步骤4:数据流的读取(以整车控制系统为例):在此界面上选择数据流→显示当前车辆数据信息,上下滑动触摸屏可以实现翻页,按右下角的"回退"可退回上一界面,如图1-23所示。

图1-23　数据流的读取

步骤5:动作测试或其他功能:在此界面中可以选择动作测试功能→进入动作测试界面后可以对相关元器件实施动作测试功能,如图1-24所示。

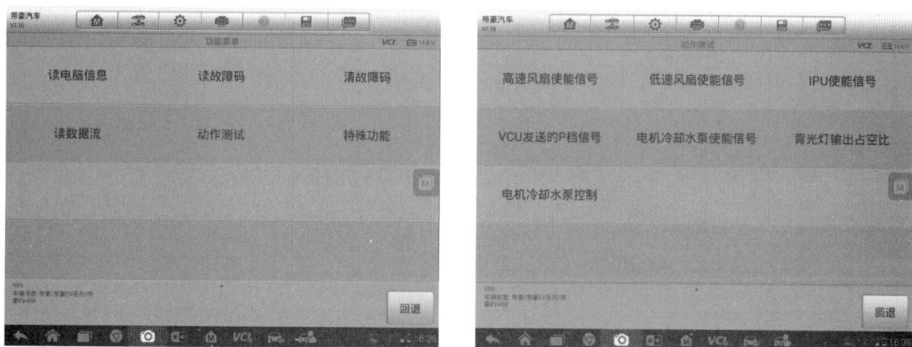

图1-24　动作测试或其他功能

二、任务实施

比亚迪高压互锁
故障排除

(一)工作准备

(1)实训开始前,提前准备好需要使用的个人防护用品,并检查是否符合使用标准。

(2)实训开始前,提前做好场地防护,设置警告标识,操作位置布置好绝缘防护措施。

(3)检查实训场地和设备设施是否清洁及存在安全隐患,配电箱、排查是否符合用电需求,如不正常请向教师汇报并进行处理。

(4)记录车辆铭牌信息,做好检测结果记录。

(5)实训结束后,必须清理场地和设备,撤除警示标识。

所需要的设备及工具见表1-6。

设备及工具清点表 表 1-6

名称	数量	清点	名称	数量	清点
整车(秦 EV)	1	□清点	工位防护套装	1	□清点
道通 MS908E 汽车故障诊断仪	1	□清点	一体化工量具	1	□清点
数字式万用表	1	□清点	万用接线盒	1	□清点
个人防护套装	2	□清点			

(二)实施步骤

1. 工作任务

起动新能源车辆后发现仪表无任何显示,第一反应为全车无电,通过按压喇叭识别声音响度可初步判断低压蓄电池电压是否正常,可先检查机舱低压线束及蓄电池电压。本着故障诊断流程从简到难的原则,首先使用诊断仪进行诊断,发现诊断仪与全车模块不能通信。

2. 故障原因分析

导致诊断仪与全车模块不能通信的主要原因诊断仪故障、数据链路控制(Data Link Control,DLC)接口故障、低压蓄电池亏电等。图 1-25 所示为诊断仪与整车不能通信的故障原因。

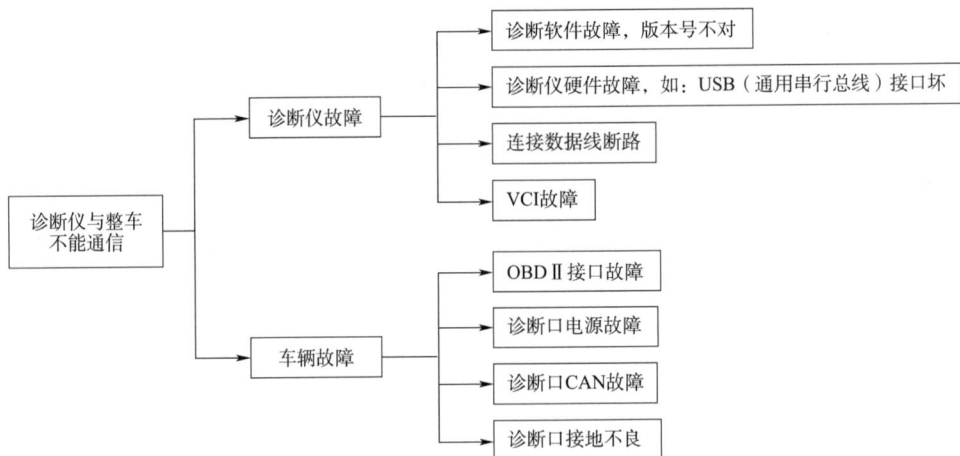

图 1-25 诊断仪与整车不能通信的故障原因

3. 故障诊断

步骤 1:检查低压蓄电池电压,低压蓄电池亏电可造成全车无电即车辆无法解锁、诊断仪与车辆不能通信等。

步骤 2:踩制动踏板,打开点火开关,发现仪表不亮。

步骤 3:连接 VCI,将 OBD Ⅱ 诊断接头插入诊断接口,如图 1-26 所示。

步骤 4:选择车型,进行全车模块扫描,发现无故障,如图 1-27 所示。

图 1-26 诊断仪连接图

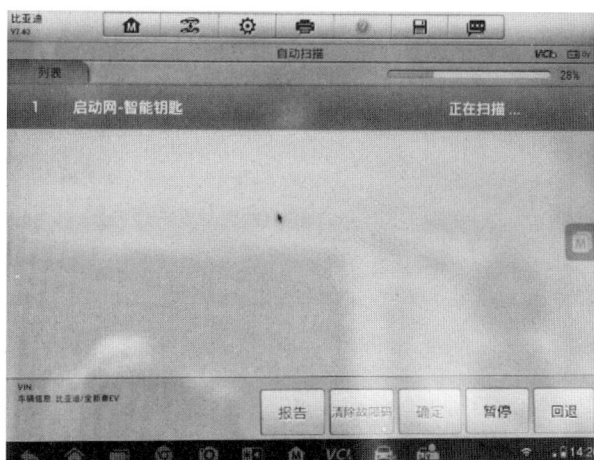

图 1-27 全车模块扫描

步骤 5:诊断仪的 VCI 的"power"灯不亮,查询电气原理图(图 1-28),测量诊断口 G03 16号与 GND 的电压为 0V,标准值为 12V,如图 1-29 所示。

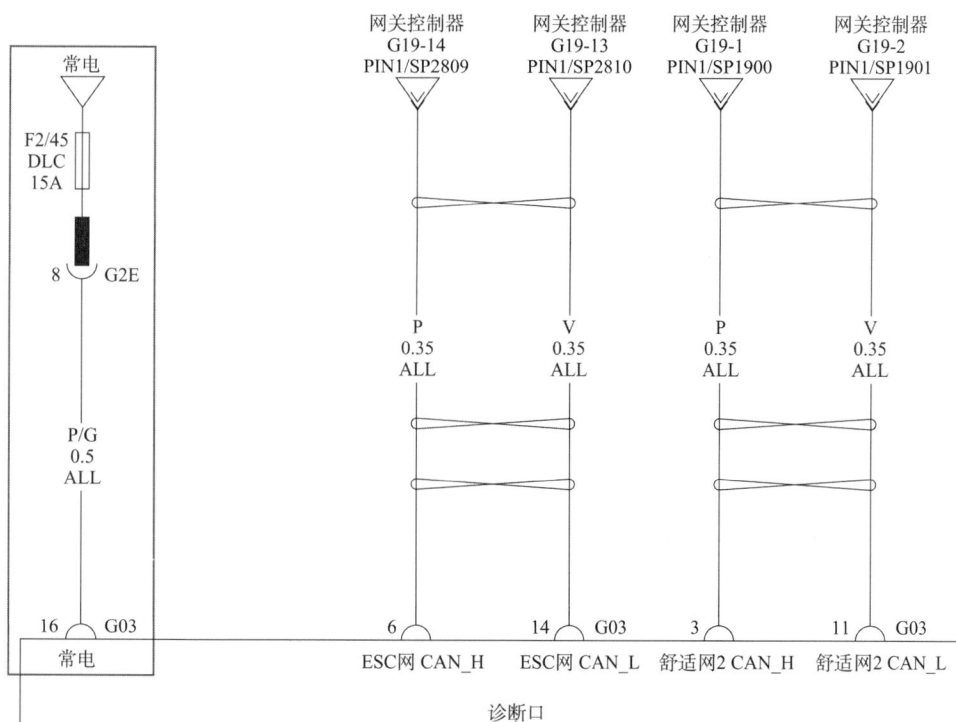

图 1-28 低压电路电气原理图

步骤 6:关闭点火开关,断开蓄电池负极,用万用表测量 G03 12 号与 G03 13 号之间的电阻值,标准值为 60Ω,如图 1-30 所示。

步骤 7:安装蓄电池负极,测量熔断插片上下两端电压,上端测量有电,下端测量无电,标准值为 12~13V,如图 1-31 所示。

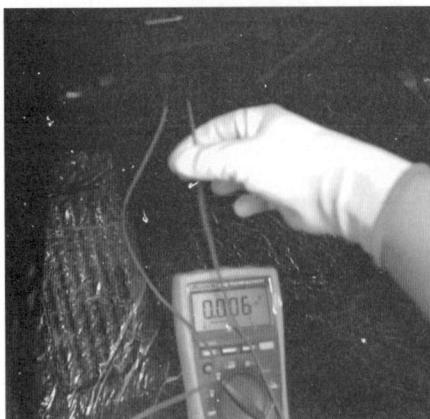

图 1-29 测量诊断口 G03 16 号与 GND 的电压

图 1-30 测量诊断口 G03 12 号与
G03 13 号的电阻值

图 1-31 测量熔断插片上下两端电压

4. 故障排除

更换 F2-45 熔断插片,故障排除,全车模块扫描,如图 1-32 所示。

图 1-32 更换 F2-45 熔断插片

5. 故障总结

现代汽车都是由行车计算机控制工作的,如果哪个电控系统有故障,该电控系统的控制计算机就会存储故障记忆,用仪器检测就会读出相应的故障记忆,以便快速、准确地查找故障并进行维修。汽车解码器是专业的汽车维修检测工具。作为一名专业技术人员,要全面掌握自己所用解码器或其他电子仪器的正确操作方法,发挥其具备的各项功能,提升维修能力。

6.现场 6S 整理

进行现场 6S 整理。

学习拓展

1.什么是 CAT 等级

根据国际电子电工委员会 IEC1010-1 的定义,我们把电工工作的区域分为四个等级,分别称作 CAT Ⅰ、CAT Ⅱ、CAT Ⅲ 和 CAT Ⅳ。CAT 等级是向下单向兼容的,也就是说,一块 CAT Ⅳ 的万用表在 CAT Ⅰ、CAT Ⅱ 和 CAT Ⅲ 下使用是完全安全的,但是一块 CAT Ⅰ 的万用表在 CAT Ⅱ、CAT Ⅲ、CAT Ⅳ 的环境下使用就不保证安全了。

2.CAT 等级对用户意味着什么

CAT 等级意味着对客户的人身安全承诺。它不仅仅是耐高压等级。CAT 等级严格规定了电气工作人员在不同级别的电气环境中可能遇到的电气设备的类型以及在这样的区域中工作所使用的测量工具必须要遵循的安全标准。对于万用表、钳形表、过程小校准仪表等手持表来说,他们所标注的 CAT 等级表明了他们各自所归属的最高的"安全区域",CAT 后面的电压数值则表示了他们能够收到电压冲击的上限。

例如,一个 CAT Ⅲ 600V 的万用表,表示这样一个万用表可以在 CAT Ⅰ、Ⅱ 和 Ⅲ 区域安全使用,在这三个区域里如果表受到最高 600V 的电压冲击,万用表不会对人体安全产生威胁,但是这款万用表在 CAT Ⅳ 域使用时,或者说收到 700V 的高压冲击时,就不能保证同样的安全了。

3.CAT 是怎么做的

万用表、钳形表、过程校准仪表在说明书和表体上标称了它的 CAT 等级和耐压值,并且整个表体的电子、机械、保护电路、耐压设计都严格遵守 CAT 等级的要求。经过上万次的安全测试,保证符合这个标称,100% 保证在标称的 CAT 环境下使用安全性,100% 保证符合这个标称的高压冲击,且不会对人体产生任何伤害。所以说,当看到 CAT 和耐高压标识时,就获得了对你作出的人身安全承诺。

4.以后该怎么做

请了解并熟悉你的电气工作环境所属的 CAT 安全等级和耐压等级,并选择与其 CAT 等级和耐压等级对应的手持仪表。

习题

一、填空题

1.高压正极和高压负极使用各自单独的_____。

2.动力蓄电池上有可控的_____和_____。

3.动力蓄电池上安装有_____,在拔下维修开关后_____或电压下降。

4.高压元件上有_____安全线;高压元件采用_____;在识别出碰撞时,动力蓄电池上的_____就会断开。

5.引起高压互锁故障的原因通常为某个_____或_____。

6._____是指用不导电的物质(绝缘材料)将带电体隔离或包裹起来,以对触电起保护作用的一种_____。

7.良好的绝缘是保证设备和线路运行的必要条件,也是防止_____、_____、短路的重要措施。

8.新能源汽车维修中使用的检测仪表有_____、_____测试仪等。

9.由于驱动系统的导线存在较大的_____,因此,必须使用_____进行_____。

10._____用于检测或监控汽车运行过程中的_____以及_____的工作状况,当汽车上某个系统出现故障后,故障灯会发出_____。

11._____用于实现与车载内各电子控制装置_____之间的对话,传送_____以及汽车各模块系统的_____,可以方便诊断系统升级、读取故障码、保存各车型故障码以及用鼠标键盘操作不同的诊断功能等,为维修人员进行故障诊断带来极大便利。

12._____的英文缩写:_____,它是一个符合ISO标准的车载诊断接头,插头由_____个针脚组成,每一个针脚均按照_____标准定义。

13.DTC代码共监测4个系统故障,由"_____"组成。

14._____是一个故障指示器,当连接与车载诊断系统任何零部件或车载诊断(OBD)系统本身发生故障时,它能清楚地提示汽车驾驶人。

15._____通过VCI设备与车辆连接,可读取车辆系统工作状态,进行故障码读取,查看动作测试和数据标定等。

16._____:是指OBD系统在故障被排除之后检测到故障已经不存在。

17._____:是指从故障首次被OBD系统检测出来到被系统认定从而按照相应策略触发MI的过程,一个故障在被确认之前称为偶发故障,在确认之后称为已确认故障。

18._____是用于检测汽车故障的便携式智能汽车故障自检仪,也称为汽车计算机检测仪。

二、判断题

1.动力蓄电池上安装有维修开关,在拔下维修开关后高压断电或电压下降。 (   )

2.绝缘拆装工具必须有耐压1000V以上的绝缘柄。 (   )

3.钳形表特性精确度高于0.01A和0.1V。 (   )

4.由于驱动系统的导线存在较大的交变交流,必须使用钳形电流表进行直接测量。

(   )

5.新能源汽车故障诊断仪用户可以利用它迅速地读取汽车电控系统中的故障,并通过液晶显示屏显示故障信息,迅速查明发生故障的部位及原因。 (   )

6.车载诊断系统不可以同时检测汽车上的多个系统和零件。 (   )

7.车载诊断系统OBD起源于英国。 (   )

8.一旦OBD系统检测到有与计算机相连接的动力系统故障,包括任何能实现检测功能

的相关的传感器电路连通状态不正常,则认为发生了故障。 （　　）

9. MI 一般不可以在仪表板上显示且形状符合相应标准的指示灯。 （　　）

10. OBD 系统必须具有识别可能存在故障的区域的功能,故障代码(DTC)由 5 个字符组成。 （　　）

三、选择题

1. 下列选项哪些属于车辆的电气防护?（　　）

A. 高压电缆防护　　　　　　　　　　B. 维修开关

C. 高压互锁　　　　　　　　　　　　D. DC/DC 转换器内的安全防护

2. 高压维修的操作规程,包括(　　)。

A. 关闭点火开关,将钥匙妥善保管　　B. 断开低压电池负极端子

C. 戴好绝缘手套　　　　　　　　　　D. 拆除维修开关

3. 一般测量低压电器设备绝缘电阻时可选用(　　)量程的表。

A. 0～100MΩ　　　B. 0～150MΩ　　　C. 0～200MΩ　　　D. 0～250MΩ

4. 数字式万用表通常具备以下检测功能:(　　)。

A. 交流/直流(AC/DC)电压、电流　　B. 电阻

C. 频率(HZ)　　　　　　　　　　　D. 温度(TEMP)

5. 新能源汽车诊断仪包括哪几种?（　　）

A. 常规车载诊断解码器　　　　　　　B. 通用型解码器

C. 原厂专用解码器　　　　　　　　　D. 定制款解码器

6. DTC 代码共监测 4 个系统故障,是由"一个字母和四个数字"组成。第一位是字母(　　),表示(　　)。

A. P,动力系统故障　　　　　　　　　B. C,底盘故障

C. B,车身故障　　　　　　　　　　　D. U,网络故障

7. DTC 代码共监测 4 个系统故障,是由"一个字母和四个数字"组成,第二位是数字(　　),表示(　　)。

A. 0,ISO/SAE 标准定义的故障码　　　B. 1,制造商自定义的故障码

C. 2,ISO/SAE 预留　　　　　　　　　D. 3,ISO/SAE 预留

8. DTC 代码是由"一个字母和四个数字"组成的,第三位是数字(　　),表示故障所属的子系统;以动力系统为例(P 开头的故障码),第三位数字表述不正确的是(　　)。

A. 5:表示巡航、怠速控制系统　　　　B. 6:车载电脑和输出信号

C. 7:传动系统控制　　　　　　　　　D. 8:传动系统控制

项目二
动力蓄电池管理系统故障诊断与排除

知识目标

(1) 能够描述动力蓄电池管理系统的基本功能。

(2) 掌握动力蓄电池的功能原理。

(3) 掌握蓄电池热管理系统典型故障排除方法。

(4) 掌握电流传感器的分类。

(5) 了解接触器在蓄电池管理系统中的功能和应用。

(6) 掌握蓄电池子网通信故障的处理流程。

技能目标

(1) 能独立完成动力蓄电池热管理系统的水泵检测。

(2) 能独立完成冷却风扇低速挡部转动故障检修。

(3) 能正确使用诊断仪读取蓄电池数据流进行分析判断异常数据流的原因。

(4) 能独立完成 BMS 通信故障排查。

(5) 能独立完成蓄电池管理系统接触器故障排查。

素质目标

(1) 能做到认真严谨、积极主动;安全生产、文明施工。

(2) 能与小组成员交流合作,协调工作,取长补短,完善自我。

(3) 获得分析问题和解决问题的基本方法。

▶ 学时:10 学时

任务1　动力蓄电池热管理系统故障诊断与排除

任务描述

在寒冷的冬季来临之际,使用新能源汽车之前,要重点检查动力蓄电池的电量,特别是进行动力蓄电池热管理系统的检查。若打开点火开关,仪表"OK"灯不亮,仪表显示"请检查动力系统",同时动力蓄电池温度高报警指示灯亮,冷却风扇不转动,作为维修技师,遇到此类故障时应该如何入手处理呢?

一、知识准备

(一)动力蓄电池系统概述

1. 动力蓄电池系统的构成

动力蓄电池系统是指驱动新能源汽车以及混合动力汽车等新能源汽车的蓄电池、蓄电池管理系统及附属装置等,其主要构成要素,包括:

(1)动力蓄电池组(蓄电池模组);

(2)蓄电池管理系统(BMS);

(3)蓄电池冷却系统;

(4)动力蓄电池组箱体。

图 2-1 为动力蓄电池系统示意图。

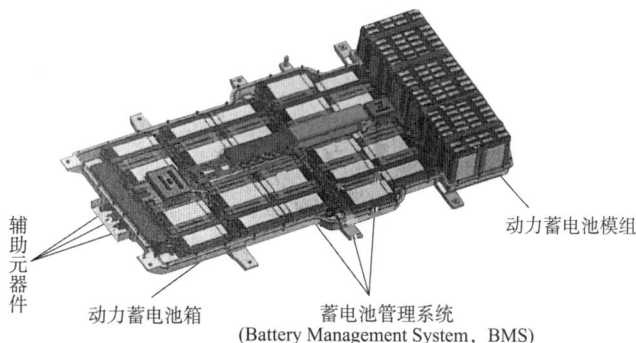

图 2-1　动力蓄电池系统示意图

2. 动力蓄电池系统的基本功能

动力蓄电池系统的基本功能如下:

(1)存储驱动所用电能;

（2）控制最佳行驶蓄电池特性；

（3）确保蓄电池相关的安全性和可靠性。

图 2-2 所示为纯电动汽车动力蓄电池系统的内部结构。蓄电池组中包含了部分电源系统，含有使用高性能锂离子蓄电池的电池组、保持蓄电池在适当温度的冷却管路、防水结构的蓄电池盘等。动力蓄电池组一般由若干单体电池连接而成的蓄电池模块组成。

图 2-2　纯电动汽车动力蓄电池系统内部结构

更换整车 BMS 模块

纯电动汽车更换动力蓄电池包

动力蓄电池模块的功能如下：

（1）保持蓄电池固定；

（2）配线部绝缘；

（3）检测蓄电池电压和温度；

（4）蓄电池散热（冷却）结构。

（二）BMS 的功用

BMS 作为实时监控、自动平衡、智能充放电的电子系统，起到保障安全、延长寿命、估算剩余电量等重要功能，是动力和储能蓄电池组中不可或缺的重要部件。BMS 对蓄电池组进行安全监控及有效管理，提高蓄电池的使用效率，达到增加续驶里程、延长其使用寿命、降低运行成本的目的，进一步提高蓄电池组的可靠性，对于新能源汽车的整车控制、安全管理以及提高可靠性具有重要意义。

BMS 包括数据采集、蓄电池状态估计、能量管理、热管理、安全管理和通信功能等。图 2-3 为BMS 功能示意图。

1. 数据采集

BMS 的所有算法均以采集的动力蓄电池数据作为输入，采样速率、精度和前置滤波特性是影响蓄电池系统性能的重要指标。新能源汽车 BMS 的采样速率一般要求大于 20Hz。

2. 蓄电池状态计算

蓄电池状态计算主要包括蓄电池荷电状态（State of Charge，SOC）和蓄电池组健康状态（State of Health，SOH）两方面。SOC 用来提示动力蓄电池组剩余电量，是计算和估计新能源汽车续驶里程的基础。SOH 用来提示蓄电池技术状态、预计可用寿命等健康状态的参数。

SOC 是防止动力蓄电池过充电和过放电的主要依据，只有准确估计蓄电池组的 SOC 才

能有效提高动力蓄电池组的利用效率,保证动力蓄电池组的使用寿命。在新能源汽车中,准确估计动力蓄电池 SOC ,可以保护动力蓄电池,提高整车性能,降低对动力蓄电池的要求以及提高经济性等。

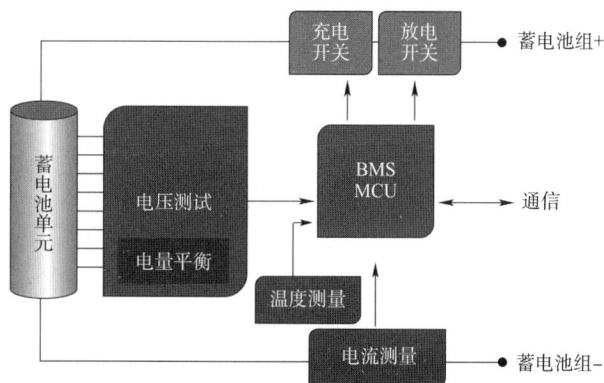

图 2-3　BMS 功能示意图

3. 能量管理

能量管理主要包括两部分:一是以电流、电压、温度、SOC 和 SOH 为输入进行充电过程控制;二是以 SOC、SOH 和温度参数为条件进行放电功率控制。

4. 安全管理

安全管理主要用于监视蓄电池电压、电流、温度等是否超过正常范围,防止蓄电池组过充电、过放电。目前,在对蓄电池组进行整组监控的同时,多数蓄电池管理系统已经发展到对极端单体电池进行过充电、过放电、温度过高等安全状态管理。

5. 热管理

热管理主要用于蓄电池工作温度高于适宜工作温度上限时对蓄电池进行冷却,低于适宜工作温度下限时对蓄电池进行加热,使蓄电池处于适宜的工作温度范围内,并在蓄电池工作过程中保持蓄电池单体间温度的均衡。对于大功率放电和高温条件下使用的蓄电池,蓄电池的热管理尤为重要。

6. 均衡控制

蓄电池组的工作状态由组内最差蓄电池单体决定,蓄电池的一致性差异直接影响蓄电池组的性能。在蓄电池组各个蓄电池间设置均衡电路、实施均衡控制是为了使各单体蓄电池充放电的工作情况尽量一致,提高整体蓄电池组的工作性能。

7. 通信功能

通过 BMS 实现蓄电池参数和信息与车载设备或非车载设备的通信,为充放电控制、整车控制提供数据依据是 BMS 的重要功能之一。根据应用需要,数据交换可采用不同的通信接口,如模拟信号、脉冲宽度调制(Pulse Width Modulation,PWM)信号、CAN 总线或 I2C 串行接口。

8. 人机接口

人机接口用于根据设计需要设置显示信息以及控制按键、旋钮等。

(三)动力蓄电池热管理系统

新能源汽车上装载的动力单体蓄电池数目较多,有的多达几千个。这些单体蓄电池会以不同倍率放电,并以不同生热速率产生大量热量,再加上时间累积以及空间影响将会聚集大量热量,从而导致蓄电池组运行环境温度情况复杂多变。蓄电池包内温度上升严重影响蓄电池组的电化学系统的运行、循环寿命、充电可接受性、蓄电池包充放电功率和能量、安全性和可靠性等。如果新能源汽车蓄电池组不能及时散热,将导致蓄电池组系统的温度过高或分布不均匀,降低蓄电池充放电循环效率,影响蓄电池的充放电功率和能量发挥,严重时还会导致热失控,严重影响蓄电池系统安全性与可靠性。图 2-4 所示为蓄电池热失控的过程。

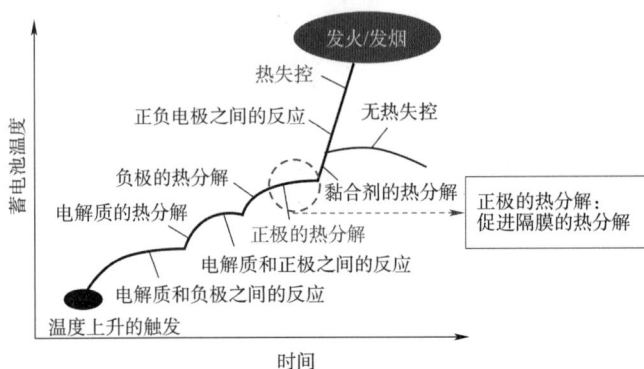

图 2-4　动力蓄电池热失控过程

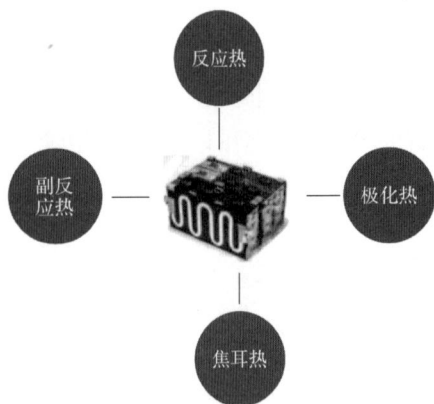

图 2-5　动力蓄电池产热方式

1. 动力蓄电池产生热的方式

动力蓄电池产生的热主要有 4 类:反应热、副反应热、焦耳热、极化热,如图 2-5 所示。一般认为在正常工作情况下主要考虑焦耳热。副反应热主要来源于电解液分解,同时会产生可燃气体,使得蓄电池鼓胀。若在低温环境下充电时,容易在蓄电池的负极表面形成锂沉积,金属锂在负极表面积累的析锂会刺穿蓄电池隔膜造成蓄电池正负极短路,威胁蓄电池使用安全,因此,新能源汽车蓄电池系统的低温充电安全问题极大地制约了新能源汽车在寒冷地区的推广。

为了提高整车性能,使蓄电池组发挥最佳的性能和寿命,需要优化蓄电池包的结构,设计能够适应高温和低温的新能源汽车蓄电池包热管理系统。

2. 动力蓄电池散热系统

(1)动力蓄电池散热方式。目前,新能源汽车动力蓄电池散热方式有自然风冷、液冷以及直冷三种。

①自然风冷。自然风冷是不依靠外部附加强制通风措施,只通过蓄电池包自身产生的

流体变化而产生的气流进行冷却散热的方式。此方式散热的效果极差,蓄电池包散热的最低温度只能到环境温度。此散热方式适用于对高温不敏感的磷酸铁锂动力蓄电池。图2-6所示为自然风冷动力蓄电池的外观。

②液冷。动力蓄电池的液冷式散热系统是指冷却液直接或间接地接触动力蓄电池,然后通过液态流体的循环流动把蓄电池包内产生的热量带走达到散热效果的一种散热系统。冷却液的主要成分是水和乙二醇的混合物,散热效果好。图2-7所示是动力蓄电池散热管路分布。

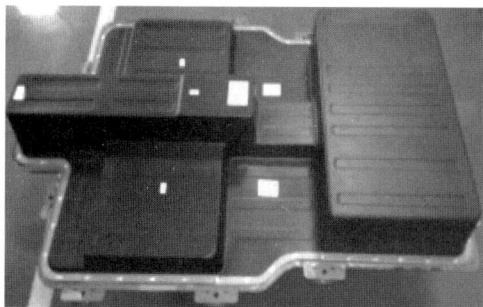

图2-6 自然风冷动力蓄电池

图2-7 动力蓄电池散热管路

③直冷。直冷是指在液冷的基础上增加空调制冷剂冷却,通过空调系统中的 R134a 或其他介质的冷媒直接冷却。直冷的散热效果非常好,也是目前比亚迪全系新能源汽车所搭载的动力蓄电池散热方式。比亚迪秦 EV 的直冷式散热系统由电动压缩机、电子控制阀、冷凝器、循环水泵、电子膨胀阀、板换模块、蓄电池冷却电磁阀、冷却液温度传感器、四通阀、鼓风机、空调控制器(集成式车身控制器)和空调制冷管路等组成。图2-8所示为直冷式蓄电池散热系统结构。

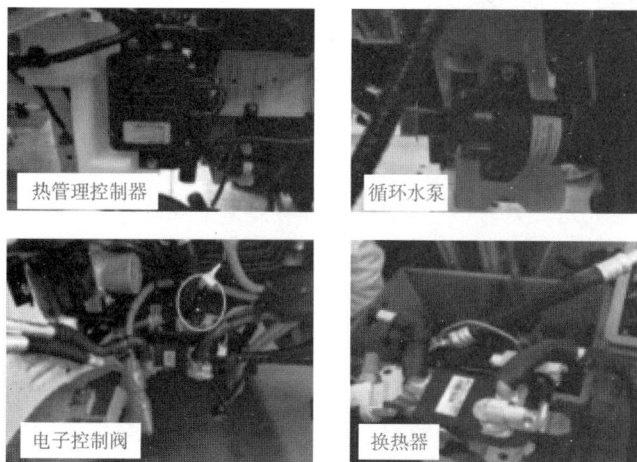

热管理控制器 循环水泵

电子控制阀 换热器

图2-8 直冷式蓄电池散热系统结构

(2)散热系统结构。图2-9所示为直冷式动力蓄电池散热系统循环图,制冷功能是通过电动压缩机、冷凝器、电子膨胀阀、蒸发器、鼓风机、空调控制器和空调制冷管路等组件组合成的系统来实现。当驾驶室需要冷却时,电子膨胀阀1打开、电子膨胀阀2关闭;当动力蓄电池需要冷却时,电子膨胀阀 1 关闭、电子膨胀阀 2 打开;当动力蓄电池和驾驶室同时需要冷却时,电子膨胀阀 1、2 打开,同时四通阀 AB 端和 CD 端通,AC 和 BD 不通;当动力蓄电池的温度持续上升到 50℃后,温度降不下来,无论驾驶室是否需要制冷,空调控制器会控制电子膨胀阀 1 关闭。

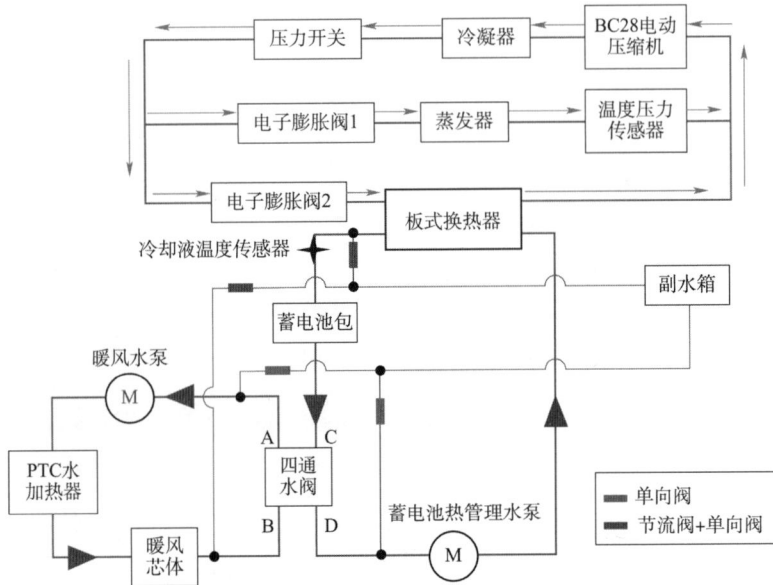

图 2-9　直冷式蓄电池散热系统循环图

图 2-10　水泵

（3）水泵概述。

① 水泵的组成。

动力蓄电池热管理系统的水泵由冷却泵、涡轮、电机和壳体等组成。水泵是冷却液循环的动力元件,如图 2-10 所示,水泵的作用是泵动高压蓄电池包中的冷却液,对冷却系统的冷却液加压,促使冷却液在冷却系统中循环,带走动力蓄电池系统散发的热量,给动力蓄电池降温。

新能源汽车动力蓄电池系统在放电或充电的过程中,蓄电池散热水泵一直会工作。比亚迪秦 EV 车型的蓄电池散热水泵将 PWM 信号送至空调控制器,由空调控制器来控制水泵的转速,满足现在的动力蓄电池散热要求。

② 水泵工作原理。

图 2-11 所示为水泵工作原理。动力蓄电池补偿水壶内、散热器内、水泵内均充满冷却液,叶轮被驱动旋转剥壳内,冷却液被叶轮带动一起旋转,在离心力的作用下,冷却液甩向叶轮边缘,从排水口甩出进入动力蓄电池包进水管,与此同时,叶轮中心产生真空度,冷却液从水泵进入口被吸入泵壳内,叶轮不停旋转,冷却液就不断地循环,当水泵不转时,动力蓄电池系统或驱动电机及控制系统会出现过热故障,车辆会限功率行驶或停机。冷却水泵分为三类:封闭式、半封闭式、全开式水泵。其内部拆解结构如图 2-12 所示。

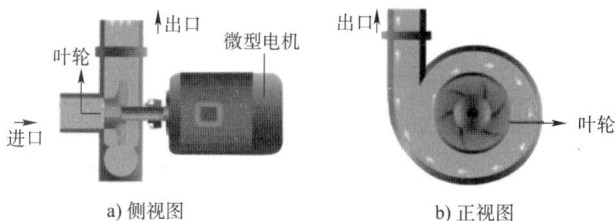

图 2-11　冷却水泵工作原理

图 2-12　冷却水泵内部结构

（4）冷却风扇概述。

①冷却风扇的工作条件。

冷却风扇受整车控制器（Vehicle Control Unit，VCU）控制。当冷却液温度高于 45℃ 时，VCU 会接收到温度信号，此时冷却风扇开始工作，VCU 控制 PWM 模块使冷却风扇以在 20% ~ 90% 的占空比范围内的 8 个挡位的速度工作。冷却风扇开启条件取决于电动空调压缩机和电机控制器冷却液温度这两个重要因素。

冷却风扇的工作原理如图 2-13 所示，当电动空调压缩机开启或电机控制器冷却液温度高于 45℃ 时，冷却风扇即开始工作。冷却风扇停止工作的条件是：电机控制器冷却液温度低于 65℃（实测 47℃）、电动空调压缩机（EAC）关闭。点火开关关闭、电动空调压缩机关闭时，若电机控制器冷却液温度高于 65℃，则冷却风扇继续工作：环境温度低于 10℃ 时，冷却风扇工作 30s；环境温度高于 10℃ 时，冷却风扇工作 60s。

②冷却风扇的控制参数。

根据控制方式不同，纯电动汽车的驱动电机电子冷却风扇有智能温控风扇和非温控风扇之分。非温控风扇通电即工作，固定转速。智能温控风扇以单片机的电子控制技术为核心，可以接受并转换 PWM 信号，并可以实现 CAN 总线控制。有的智能温控风扇需要外接 ECU 控制器，风扇的控制策略程序写在其单片机上，ECU 和风扇对应，不能与市场上其他品牌风扇通用。有的智能温控风扇则把控制程序写在风扇电机上，无须 ECU 控制器，通用性强。当然，这两种风扇都有无刷和有刷的区别。一般建议选用直流无刷电子冷却风扇，无须 ECU 的电子冷却风扇。纯电动汽车驱动电机冷却风扇选型中还要注意风扇的直径、转速、耐温、防护等级、换风方式等参数,见表2-1。

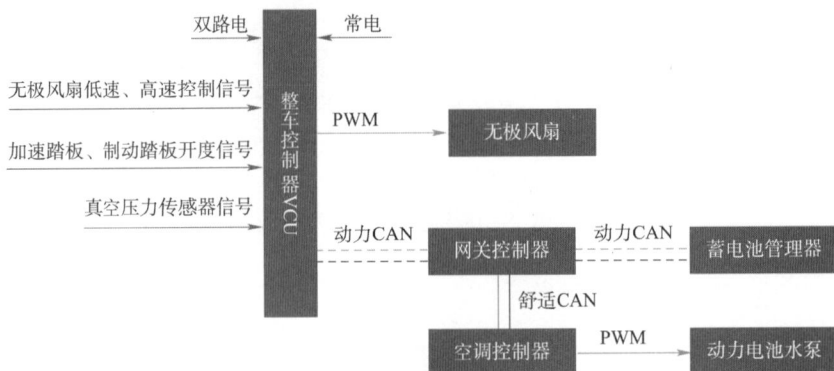

图 2-13　冷却风扇的工作原理

冷却风扇的参数　　　　　　　　　　　　　　　　表 2-1

序号	参数	内容
1	直径	风扇的直径越大,风量越大,但不是越大越好。电子冷却风扇需要和散热器匹配,满足纯电动汽车驱动电机散热需求即可。直径越大,噪声也越大
2	转速	大部分电子冷却风扇转速都差不多
3	耐温	电子风扇耐温越高性能越好,安全性也越高,反之则低
4	防护等级	考虑到电子风扇防尘防水要求,防护等级一定要高,最好达到防尘防水等级的最高级别 IP68
5	换风方式	电子风扇的换风方式是指吸风和吹风。大部分电子冷却风扇都是有吸风和吹风区别,需要根据冷却系统整体安装位置决定。不过,现在有一种直流无刷电子冷却风扇,可以实现正反转,只需调整内置控制程序即可切换

3.动力蓄电池暖热系统

由于汽车地域适用性较为广泛,在寒冷地区要使新能源汽车能正常使用必须对蓄电池加入额外的加热系统以满足要求。以比亚迪秦 EV 为例,动力蓄电池加热系统主要由水加热 PTC、暖风水泵、暖风芯体、鼓风机、空调控制器(21 款比亚迪秦 EV 空调控制器集成在车身控制器中)和空调采暖管路等组件组成,如图 2-14 所示。

图 2-14　比亚迪秦 EV 暖热系统组件

如图 2-15 所示,当打开空调的制暖状态时,空调控制器(集成式车身控制器)通过控制

PTC、暖风水泵、暖风芯体、鼓风机、空调控制器和空调采暖管路等组件组合成的系统,调节冷暖风门来实现空调的采暖。蓄电池加热只发生在充电新能源汽车充电阶段,当动力蓄电池的温度低于5℃时,空调控制器会控制PTC加热冷却液,然后通过水泵、板换模块给动力蓄电池加热,当动力蓄电池温度高于10℃时,停止PTC加热功能。此时,四通阀的管路AC通,BD通,AB不通,CD不通。

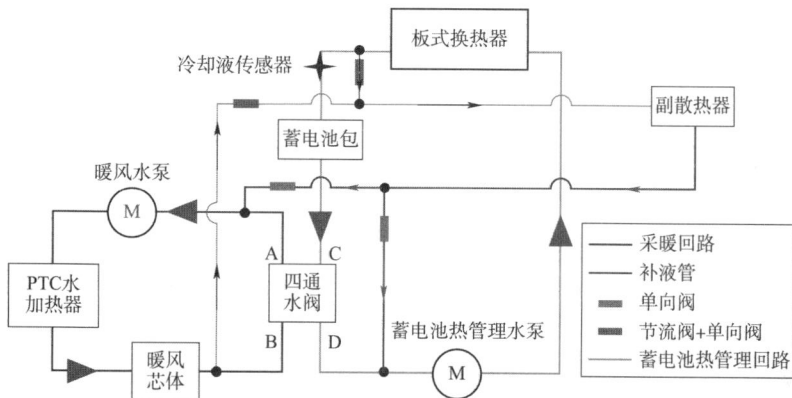

图2-15　制热工作原理

4. 蓄电池热管理系统故障码

表2-2列出了比亚迪秦EV蓄电池热管理系统常见故障。

比亚迪秦EV蓄电池热管理系统常见故障　　　　表2-2

故障码	故障原因	故障部件
B2AOD13	蓄电池包进口温度传感器断路	蓄电池包进口温度传感器线束
B2AO0E12	板式换热器端冷媒温度传感器断路	板式换热器端冷媒温度传感器线束
B2A1012	板式换热器端冷媒温度传感器短路	板式换热器端冷媒温度传感器线束
B241113	板式换热器端冷媒压力传感器断路	板式换热器端冷媒压力传感器线束
B2A1212	板式换热器端冷媒压力传感器短路	板式换热器端冷媒压力传感器线束
U012E87	空调控制器与电子风扇失去通信	电子风扇线束
B2A7914	暖风芯体四通水阀电机对地短路或断路	暖风芯体四通水阀电机线束
B2A7A12	暖风芯体四通水阀电机对电源短路	暖风芯体四通水阀电机线束
B2A7B92	暖风芯体四通水阀电机转不到位	暖风芯体四通水阀电机
B132816	蓄电池热管电动水泵欠压故障	电源电压蓄电池热管电动水泵
B132817	蓄电池热管电动水泵过压故障	电源电压蓄电池热管电动水泵
B132971	蓄电池热管电动水泵堵转故障	蓄电池热管电动水泵
B132A00	蓄电池热管电动水泵空转故障	蓄电池热管电动水泵线束
U014987	蓄电池热管控制与蓄电池热管电动水泵失去通信	蓄电池热管电动水泵线束
B246700	电动压缩机多次启动失败	电动压缩机线束
UO25487	与PTC失去通信	线束PTC

5.动力蓄电池热管理系统四通电磁阀检修

步骤1:查询空调控制器电气原理如图2-16所示,使用万用表测量空调控制器的电源,IG4的电压为13.7V,正常,如图2-17所示。

动力蓄电池管理
系统检测

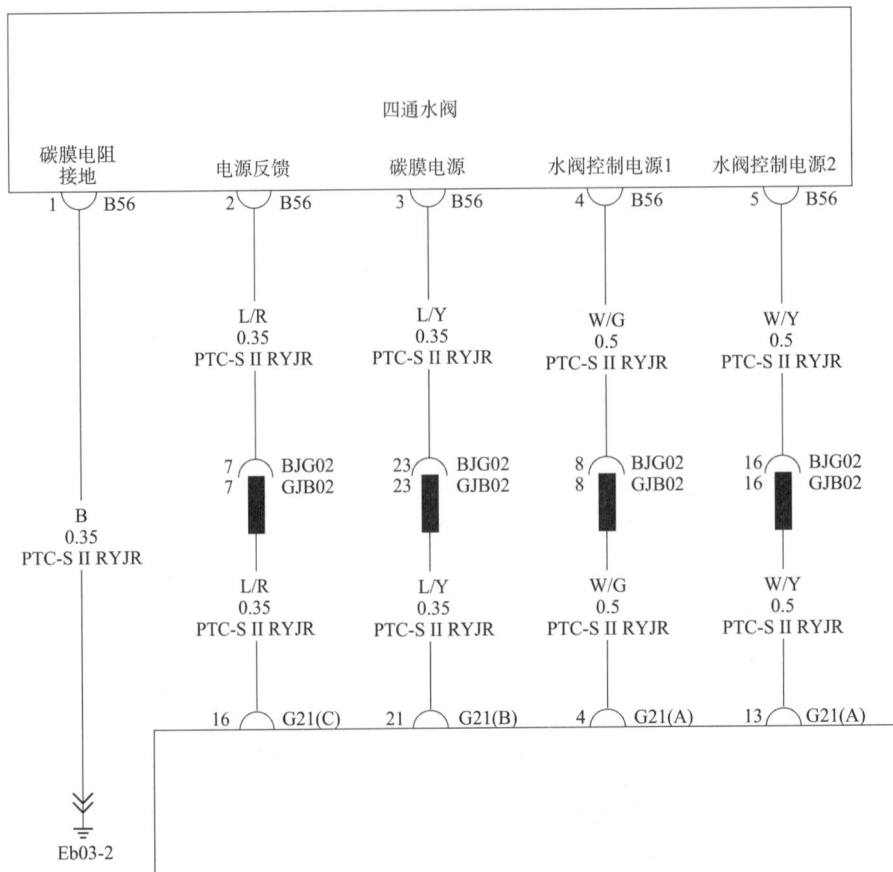

四通水阀

碳膜电阻接地	电源反馈	碳膜电源	水阀控制电源1	水阀控制电源2
1 B56	2 B56	3 B56	4 B56	5 B56

L/R
0.35
PTC-S II RYJR

L/Y
0.35
PTC-S II RYJR

W/G
0.5
PTC-S II RYJR

W/Y
0.5
PTC-S II RYJR

B
0.35
PTC-S II RYJR

7 BJG02
7 GJB02

23 BJG02
23 GJB02

8 BJG02
8 GJB02

16 BJG02
16 GJB02

L/R
0.35
PTC-S II RYJR

L/Y
0.35
PTC-S II RYJR

W/G
0.5
PTC-S II RYJR

W/Y
0.5
PTC-S II RYJR

16 G21(C)

21 G21(B)

4 G21(A)

13 G21(A)

Eb03-2

图2-16 空调控制器电气原理

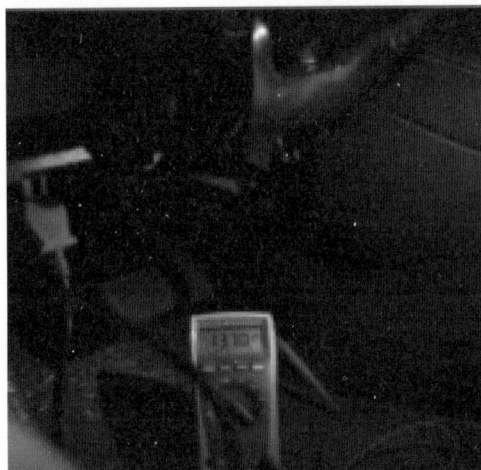

图2-17 测量空调控制器的电源

步骤2:使用万用表测量四通阀电源1与GND之间的电压为13V,正常,如图2-18所示。

步骤3:使用万用表测量四通阀电源2与GND之间的电压为13V,正常,如图2-19所示。

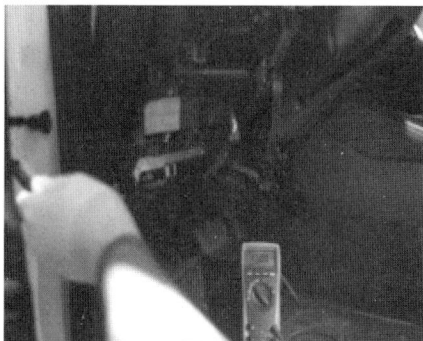

图2-18 测量四通阀电源1和GND之间的电压

图2-19 测量四通阀电源2和GND之间的电压

步骤4:使用万用表测量四通阀的电压为13V,正常,如图2-20所示。

步骤5:使用万用表测量碳膜电阻电源与碳膜电阻地之间的电压为4.922V,正常。如图2-21所示。

图2-20 测量四通阀的电压

图2-21 测量碳膜电阻电源与碳膜电阻地之间的电压

二、任务实施

(一)工作准备

(1)实训开始前,提前准备好需要使用的个人防护用品,并检查是否符合使用标准。

(2)实训开始前,提前做好场地防护,设置警告标识,操作位置布置好绝缘防护措施。

(3)检查实训场地和设备设施是否清洁及存在安全隐患,配电箱、排查是否符合用电需求,如不正常请向教师汇报并进行处理。

(4)记录车辆铭牌信息,做好检测结果记录。

(5)实训结束后,必须清理场地和设备,撤除警示标识。

所需用设备及工具见表2-3。

设备及工具清点表   表2-3

名称	数量	清点	名称	数量	清点
数字式万用表	1	□清点	耐磨手套	1	□清点
比亚迪秦 EV 整车	1	□清点	万用接线盒	1	□清点
绝缘手套	1	□清点	诊断仪	1	□清点

(二)实施步骤

1. 工作任务

某一纯电动汽车,当打开点火开关时,仪表"OK"灯不亮,仪表显示"请检查动力系统",同时动力蓄电池温度高报警指示灯亮,冷却风扇不转动。结合前面学习内容,请完成此故障诊断并排除任务。

2. 故障原因分析

根据故障现象,以及前面内容的学习,分析出现该故障原因可能有水泵故障、散热风扇故障、缺少冷却液或冷却系统内部堵塞等。

3. 故障诊断

步骤1:打开点火开关,确认冷却风扇不运转。如图2-22所示。

步骤2:冷却风扇水泵正常运转,使用万用表测量水泵正负极之间电压为12V,触摸水泵有震动。如图2-23所示。

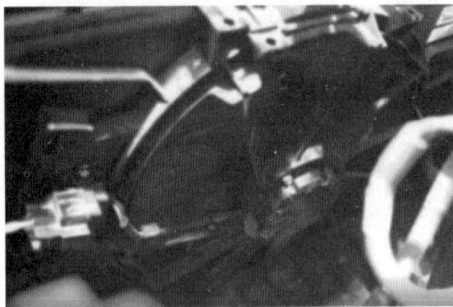

图2-22　冷却风扇不运转　　　　图2-23　测量水泵正负极之间电压

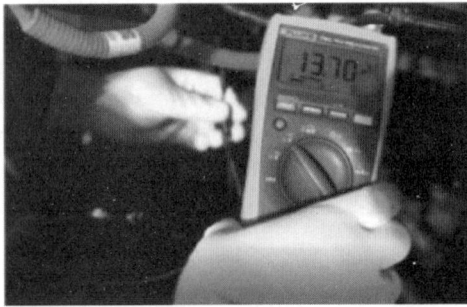

步骤3:关闭点火开关,拆下冷却风扇的插件,测量风扇端正负极之间的电阻值小于1Ω,正常。如图2-24所示。

步骤4:插上冷却风扇的插件。如图2-25所示。

步骤5:查询整车控制器电气原理图(图2-26),测量整车控制器端 GK49-19 号与 GND 之间的电压,正常值小于1V。如图2-27所示。

步骤6:用万用表测量机舱配电盒 29/BID 与 GK49-19 号的电阻值为无穷大,异常。如图2-28所示(如果使用借助解码器测量,会显示故障码为 U012E87,可判断为空调控制器与电子风扇失去通信)。

图 2-24　测量风扇端正负极之间电压

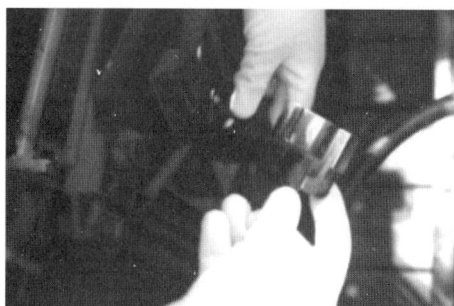

图 2-25　插上冷却风扇的插件

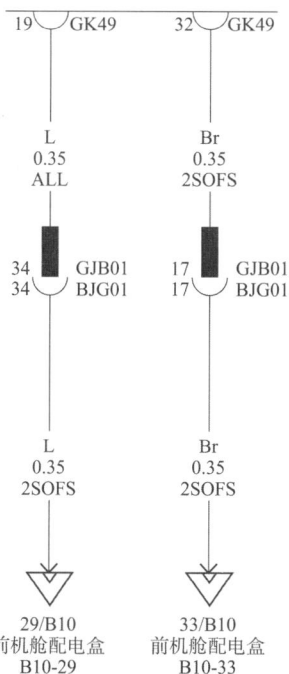

19　GK49　　32　GK49

L　　　　　Br
0.35　　　　0.35
ALL　　　　2SOFS

34　GJB01　　17　GJB01
34　BJG01　　17　BJG01

L　　　　　Br
0.35　　　　0.35
2SOFS　　　2SOFS

29/B10　　　33/B10
前机舱配电盒　前机舱配电盒
B10-29　　　B10-33

图 2-26　整车控制器电气原理(整车控制器)无极风扇
信号控制/回检/高速风扇控制[低速风扇控制
(单风扇)两速单风扇]

图 2-27　测量整车控制器 GK49-19 号
与 GND 之间的电压

图 2-28　测量机舱配电盒 29∕BID 与 GK49-19 号的电阻值

4. 故障排除

恢复线路,上电清除故障码,重新扫描故障,排除故障码。使用万用表测量机舱配电盒29/BID 与 GK49-19 号的电阻值,显示为 0Ω,正常。

5. 故障总结

在进行故障诊断过程中,可用方法有多种,比如用万用表测量和用诊断仪测量都可以找到故障部位,看自己方便选用一种有效方法就可以,有时需要综合运用多种方法,才能准确找到故障点。

6. 现场 6S 整理

进行现场 6S 整理。

冷却风扇低速挡
不运转的故障检修

任务 2　动力蓄电池的管理系统电路故障诊断与排除

任务描述

一位比亚迪秦 EV 车主反映,按下点火开关,起动车辆无法上高压电,仪表"OK"指示灯不亮,提醒"EV 功能受限"故障,请求维修。请你在学习和掌握动力蓄电池管理系统电路基础知识前提下,进行分析和诊断,完成此项任务。

一、知识准备

(一) 蓄电池管理系统接触器

1. 接触器的定义

接触器就是利用小电流来控制大电流吸合或断开接触点来控制负载的交、直流主电路或大容量控制电路的自动化切换电器。在新能源汽车领域,接触器主要应用于驱动电机、动力蓄电池包和配电系统中。接触器根据使用场景的不同可分为交流接触器和直流接触器 2 种类型。交流接触器主要运用在交流充电桩内部电路,直流接触器主要运用于蓄电池包的正负极、配电系统中,如图 2-29、图 2-30 所示。

如果比亚迪秦 EV 车辆经过一段涉水路段测试后,车辆仪表显示"EV 功能受限"且"OK"指示灯不亮,多数情况是接触器烧结故障导致的,清除故障码后可以正常上电,下电后又出现同样的故障,需要及时进行维修。

2. 接触器的工作原理

接触器主要由电磁机构、触头系统和灭弧装置组成,如图 2-31 所示。其中电磁机构是"感测"元件,当它感测到一定的"电信号"时就会带动触头闭合或断开,它主要包括线圈、铁芯和衔铁。接触器触点如图 2-32 所示。

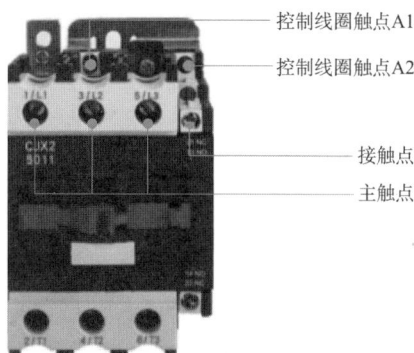

图 2-29 交流接触器

图 2-30 直流接触器

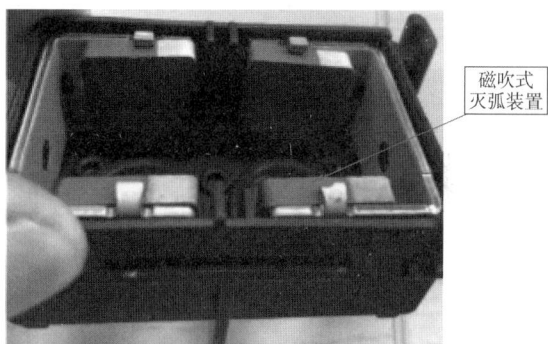

图 2-31 接触器内部结构

当接触线圈通上 12V 或 24V 电源后,线圈电流产生磁场,使静铁芯产生电磁吸力吸引动铁芯,并带动触点动作,常闭触点断开,常开触点吸合。当接触线圈断开 12V/24V 的线圈电源时,电磁吸力消失,衔铁在释放弹簧的作用下释放,使触点复原:常开触点断开,常闭触点闭合,断开电源。磁吹式灭弧装置将触点周边的电弧扑灭,保证接触器在接通或断开的瞬间触点不被电弧烧结。

图 2-32 接触器触点

3. 接触器在电路中的作用

电路中使用接触器的目的就是利用小电流来控制大电流。根据电路中的负载大小不一样,接触器在电路的应用也不一样。电流容量大的电路中使用接触器,如:蓄电池包的正负极、预充电路、电机控制电路等;电流容量小的电路中使用继电器,如:汽车的照明系统、刮水系统等。

4. 比亚迪秦 EV 车型蓄电池包接触器安装位置

图 2-33 所示为接触器在蓄电池包的安装位置。

(二) 蓄电池子网通信异常

1. 蓄电池组通信异常的分类

蓄电池组通信异常分为内 CAN 数据异常[蓄电池信息采集器(电子信息采集器 BIC)之

间的蓄电池子网]及蓄电池组外 CAN(动力 CAN)数据异常两种故障,当出现上述任意一种故障时,蓄电池管理控制器(BMC)均会做出相应控制策略,以保护蓄电池组正常、安全运行。

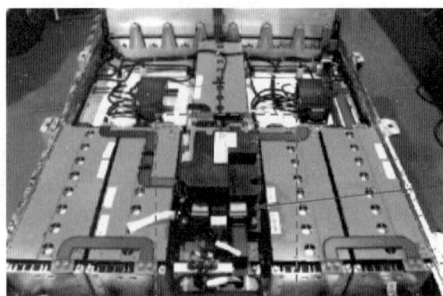

图 2-33 接触器在蓄电池包的安装位置

蓄电池管理系统 CAN
通信故障处理

蓄电池包 BIC 模块
检测

2. 蓄电池子网数据异常的处理步骤和方式

发生蓄电池组故障,一般需要使用诊断仪或上位机软件查看蓄电池组数据流,明确蓄电池组通信异常是属于蓄电池子网通信异常还是动力 CAN 通信异常。处理步骤如下:

(1)使用诊断仪或上位机软件查看蓄电池组数据流,无法查看当前蓄电池组的实际数据。

(2)保证蓄电池子网内部线束连接完好,同时检查 BMC 输出给 BIC 的 12V 电源是否正常,确认 BIC 之间终端电阻值是否正常。线束的首末两端各有 1 个 120Ω 电阻。

(3)蓄电池动力 CAN 通信异常的处理步骤:使用诊断仪或上位机软件查看蓄电池组数据流,无法进入该模块;检查 BMC 的电源、通信线束是否完好,同时检查 BMC 与网关控制器端的线束首末端各有 1 个 120Ω 电阻。

(4)确认蓄电池子网线束及终端电阻正常后,查看蓄电池组内网数据,若数据出现间断性恢复,一般可判断为电磁干扰问题。

(5)遇到电磁干扰问题,一般处理方式有增加磁环、滤波电容或优化低压通信线束等。

(三)动力蓄电池系统故障

1. 动力蓄电池故障显示

纯电动汽车的故障灯大多数都是与普通汽车故障灯一样的,分为指示灯、警告灯、指示/警告灯三类。纯电动汽车故障灯同样用以下颜色代表故障程度:

红色 = 危险/重要提示;

黄色 = 警告/故障;

绿色/蓝色/白色 = 指示/确认启用。

不同车型仪表上显示动力蓄电池故障信息略有不同。比如 EV150 新能源汽车的动力蓄电池故障在仪表上只显示动力蓄电池故障、动力蓄电池绝缘故障及动力蓄电池系统断开三种故障信息;EV200 纯电动汽车动力蓄电池故障在仪表上只显示动力蓄电池故障及动力蓄电池系统断开两种故障信息。

2.动力蓄电池常见故障等级

根据动力蓄电池故障对整车的影响划分为三个等级。

（1）一级故障(非常严重)。

动力蓄电池上报该故障一段时间后造成整车出现安全事故,如起火、爆炸、触电等,动力蓄电池在正常工作状态下不会上报该故障,一旦BMS上报该故障,表明动力蓄电池处于严重故障状态。动力蓄电池在此状态下功能已经丧失,请求其他控制器立即(1s内)停止充电或放电。如果其他控制器在指定时间内未作出响应,动力蓄电池管理系统将在2s后主动停止充电或放电(即断开高压继电器)。例如,动力蓄电池内部短路、温度过高,请求其他控制器立即(1s内)停止充电或放电。

（2）二级故障(严重)。

动力蓄电池上报该故障会造成整车进入跛行、暂时停止能量回馈、停止充电。动力蓄电池正常工作状态下不会上报该故障,一旦BMS上报该故障,表明动力蓄电池某些硬件出现故障或动力蓄电池处于非正常工作的条件下。动力蓄电池在此状态下功能已经丧失,请求其他控制器停止充电或放电;其他控制器应在一定的延时时间内响应动力蓄电池停止充电或放电请求,例如BMS内部通信故障、绝缘电阻过低。

（3）三级故障(轻微)。

动力蓄电池上报该故障对整车无影响或不同程度造成整车进入限功率行驶状态。动力蓄电池正常工作状态下可能上报该故障,一旦BMS上报该故障,表明动力蓄电池处于极限环境温度下或单体动力蓄电池一致性出现性能下降,BMS降低最大允许充/放电电流,例如单体电压欠电压、温度不均衡。

3.动力蓄电池常见故障

动力蓄电池的常见故障见表2-4。

动力蓄电池常见故障

表2-4

序号	故障描述	常规解决办法(按照序号顺序进行操作)
1	SOC异常:如无显示,数值明显不符合逻辑	(1)停车或者关闭点火开关后重新起动; (2)检查仪表显示其他故障报警有无点亮,并做好现象记录; (3)联系专业维护人员进行复查,维护人员确认无误后正常使用
2	续驶里程低于经验值	联系维护人员,检查充放电过程中容量是否衰减,BMS控制是否正常
3	蓄电池过热报警/保护	(1)10s内减速,停车观察; (2)检查报警是否消除,检查是否有其他故障,并做好记录; (3)若报警或保护消除,可以继续驾驶,否则,联系售后人员; (4)运行中若连续三次以上出现停车后减速故障消除时,联系维护人员
4	SOC过低报警/保护	(1)SOC低于30%报警出现时减速行驶,寻找最近的充电站进行充电; (2)停车休息3~5min后行驶,检查故障是否能自动消除; (3)若故障不能自行消除,且仍未到达电站的,联系维护人员解决

序号	故障描述	常规解决办法(按照序号顺序进行操作)
5	电压/电流明显异常	(1)关闭点火开关,迅速下车并保持适当距离; (2)联系专业技术人员处理
6	点火开关打开至"ON""START"挡后不工作	(1)检查并维护低压电源; (2)若打开至"ON"挡后能工作,检查仪表盘上故障显示,并记录; (3)若打开至"START"挡后仍不能干工作,联系专业技术人员
7	不能充电	(1)检查SOC当前数值; (2)检查充电线电缆是否按照正常方法连接; (3)若有环境温度超出适用范围,终止使用; (4)联系维修人员
8	运行时高压短时间丢失	检查系统屏蔽层是否有效,检查继电器是否能正常动作,检查主回路是否接触良好
9	蓄电池外箱磨损破坏	联系专业人员维护

(四)典型故障检测案例

1.仪表显示故障检测案例

(1)绝缘报警初步检查。根据现场故障表现来看,故障的种类和故障部件表现多样,可根据以下步骤进行初步排查。这说明整车所有高压部分绝缘都由动力蓄电池检测,整车没有高压绝缘检测功能。如果出现绝缘故障,需使用绝缘表检测动力蓄电池绝缘。

①如车辆的仪表能正常显示,并正确反映是否有故障,那么说明BMS绝缘监测系统本身应该是正常工作的。

②如车辆的仪表显示绝缘无连接(可使用解码器调取对应的故障码),此时应该检查低压控制线路是否正确或可靠连接。例如低压线束端插接件插针松脱和扭曲导致连接失效的情况。

③排除了低压连接线路问题,则需要排除CAN总线的通信故障,检查终端电阻值是否正常,若正常应该是60Ω;如果测出是40Ω,则可能信号被削弱,会导致CAN通信不正常。

④当车辆的组合仪表明确显示有故障时,表明车辆的绝缘故障发生在高压回路上,高压部件出现了绝缘电阻过低的情况,需要对高压部件进行相关检查。由于该绝缘检查系统无法对绝缘故障点进行定位,这时需要逐步进行人工排查。

(2)高压电回路的排查。高压电回路主要由电机系统、高压空盒子、充电系统及附件、蓄电池包组成,安装于车辆后底部。所有线条连接的部件的相应位置均有超过人体安全电压的高压电,操作时需要特别注意。

2.仪表报动力蓄电池故障、动力蓄电池高压断开故障

动力蓄电池发生故障致使高压断开,可以从以下两个方面进行故障排除:

(1)动力蓄电池内部高压故障如图2-34所示。动力蓄电池内部主正继电器、主负继电

器、维修开关这三个高压部件,只要其中任意一个发生故障无法闭合,动力蓄电池都无法将高压电进行输出。所以,首先就要对这三个部件进行故障排查,判断是哪一个部件出现了故障。

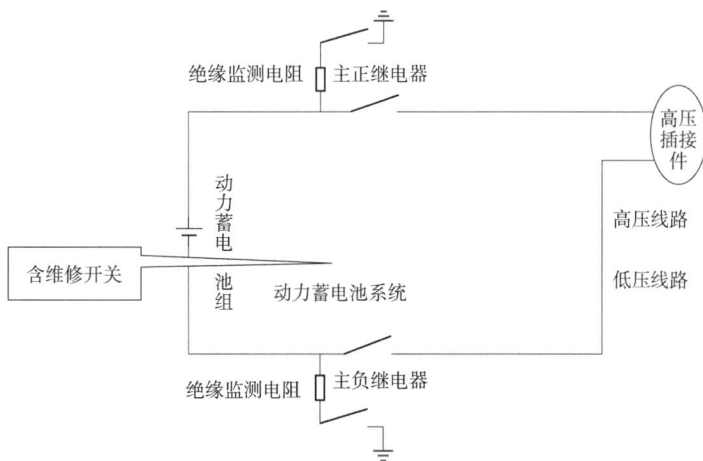

图 2-34　动力蓄电池工作原理示意图

(2)动力蓄电池低压控制故障。动力蓄电池能够正常提供高压电的前提是:首先需要被整车控制器唤醒,然后按照整个控制的逻辑顺序闭合主正、主负继电器。如果步骤(1)检测正常,就需要分别对动力蓄电池的唤醒信号线、主正负继电器的控制信号线进行检测排查,如果正常,需要检查动力蓄电池低压控制接地是否正常。

二、任务实施

(一)工作准备

(1)实训开始前,提前准备好需要使用的个人防护用品,并检查是否符合使用标准。

(2)实训开始前,提前做好场地防护,设置警告标识,操作位置布置好绝缘防护措施。

(3)检查实训场地和设备设施是否清洁及存在安全隐患,配电箱、排查是否符合用电需求,如不正常请向教师汇报并进行处理。

(4)记录车辆铭牌信息,做好检测结果记录。

(5)实训结束后,必须清理场地和设备,撤除警示标识。

所用设备及工具见表 2-5。

设备及工具清点表　　　　　　　　　　　　　　　　表 2-5

名称	数量	清点	名称	数量	清点
数字式万用表	1	□清点	万用接线盒	1	□清点
比亚迪秦 EV 整车	1	□清点	汽车诊断仪	1	□清点
绝缘手套	1	□清点	熔断插片	1	□清点
耐磨手套	1	□清点			

(二)实施步骤

1.工作任务

一位比亚迪秦 EV 车主反映,按下点火开关,起动车辆无法上高压电,仪表"OK"指示灯不亮,提醒"EV 功能受限"故障,如图 2-35 所示,请求维修。你如何完成此项任务?

图 2-35 显示 EV 功能受限故障图标

不能上高压电,无法行驶的检测

2.故障原因分析

(1)蓄电池包故障。

(2)BMS 故障。

(3)驱动电机控制器故障。

(4)相关线路故障。

3.故障诊断

步骤 1:连接诊断仪扫描故障,并读取故障码。

步骤 2:确认车辆的故障是蓄电池包正负极接触器烧结导致车辆无法上电。将车辆下电,断开蓄电池负极,等待 3~5min。

步骤 3:断开蓄电池包的低压接插件,穿戴好绝缘防护手套拆下蓄电池包的高压母线。对低压接插件和高压母线做防护处理,避免异物进入导致损坏。

步骤 4:断开蓄电池包的进出水管(注意做好 6S 管理)。

步骤 5:将动力蓄电池举升平台推入车底,并将举升平台升至蓄电池包底部。拆卸动力蓄电池固定螺栓,将蓄电池包落在举升平台上。

步骤 6:使用手电钻、美工刀等工具将动力蓄电池包盖打开。用铲刀电池托盘周围的玻璃胶清理干净。

步骤 7:打开蓄电池包的配电箱保护盖板,找到蓄电池包的正负极接触器。

步骤 8:穿戴好绝缘防护手套,使用绝缘工具拆卸配电箱内的固定螺栓。注意:务必确认绝缘防护手套的性能,否则会造成触电的危险。断开的铜排必须使用绝缘胶布包裹好。

步骤 9:依次拆下接触器上端的连接铜排以及正负极接触器。

步骤 10:使用万用表检查正负极接触器是否有故障。断电后接触器触点之间的电压值为 ∞,因此,需要测量结果导通接触器进行更换。

步骤 11:更换完接触器后,对蓄电池托盘打胶,用铆钉枪在蓄电池保护盖板铆上铆钉。

步骤 12:依次安装动力蓄电池、蓄电池高压母线、低压接插件,加注蓄电池冷却液。

4.故障排除

更换接触器后给车辆上电,故障排除。待车辆上电运行约 5min,查看蓄电池冷却液水壶,将冷却液加注至 min 与 max 刻线之间,用诊断仪清除历史故障码。

5.故障总结

导致电动汽车功能受限的原因非常多,比如空调故障、冷却液泵故障、高压电箱故障、动力蓄电池故障、熔断丝熔断,这些故障都会激活高压互锁保护机制。要排除电动汽车功能受限这个故障,需要对症下药进行诊断和排除。必要时可接上 OBD 读取故障码和数据流进行分析诊断。

6.现场 6S 整理

进行现场 6S 整理。

动力蓄电池包不能
充电故障处理

学习拓展

在所有故障当中,相对其他系统,蓄电池管理系统的故障是相对较高的,也是较难处理的。

蓄电池管理系统故障分析方法如下:

(1)观察法:当系统发生通信中断或控制异常时,观察系统各个模块是否有报警,显示屏上是否有报警图标,再针对得出的现象逐一排查。

(2)排除法:车辆在不同条件下出现的故障不同,当系统发生类似干扰现象时,在条件允许的情况下应逐个去除系统中的各个部件,来判断是哪个部分对系统造成影响。

(3)替换法:当某个模块出现异常时,调换相同串数的模块位置,来诊断是模块问题还是线束问题。

(4)环境检查法:当系统出现故障时,如系统无法显示,先不要着急,先看看那些显而易见的东西,如有没有接通电源? 开关是否打开? 是不是所有的界限都接上了?

(5)数据分析法:当 BMS 发生控制或相关故障时,可对 BMS 存储数据进行分析,对 CAN 总线中的报文内容进行分析。

习题

一、填空题

1.动力蓄电池管理系统包括＿＿＿＿＿、＿＿＿＿＿、＿＿＿＿＿、热管理、＿＿＿＿＿和＿＿＿＿＿等。

2.动力蓄电池产生的热主要来源于四类:＿＿＿＿＿、＿＿＿＿＿、＿＿＿＿＿、＿＿＿＿＿。

3.动力蓄电池散热方式目前新能源汽车动力蓄电池散热方式有:＿＿＿＿＿、＿＿＿＿＿以及＿＿＿＿＿三种方式。

4.＿＿＿＿＿是不依靠外部附加强制通风措施,只通过蓄电池包自身产生的流体变化而产生的气流进行冷却散热的方式。

5.＿＿＿＿＿是指在液冷的基础上增加空调制冷剂冷却。

6. 秦EV的散热系统的制冷功能是通过_____、_____、_____、_____、_____、空调控制器和_____等组件组合成的系统来实现。

7. 接触器主要由_____、_____和_____组成,其中_____是"_____"元件,当它感测到一定的"电信号"时就会带动触头闭合或断开。它主要包括_____、_____和_____。

8. 动力蓄电池的液冷式散热系统冷却液的主要成分是_____的混合物,散热效果好。

9. 动力蓄电池热管理系统的水泵由_____、_____、_____和_____等组成。水泵是冷却液循环的_____元件。

10. 冷却水泵分为三类:_____、_____、_____。

11. 据控制方式不同,纯电动汽车的驱动电机电子冷却风扇有_____和_____之分。

12. 智能温控风扇以_____为核心,可以接受并转换_____信号,并可以实现_____控制。有的智能温控风扇需要外接_____,风扇的控制策略程序写在其单片机上,ECU和风扇对应,不能与市场上其他品牌风扇通用。

13. 冷却风扇开启条件取决于_____和_____这两个重要因素。

14. _____就是利用_____电流来控制_____电流吸合或断开接触点来控制负载的交、直流主电路或大容量控制电路的_____。

15. 接触器根据使用场景的不同可分为_____和_____2种类型。_____主要运用于_____内部电路,_____主要运用于_____的正负极、配电系统中。

二、判断题

1. 动力蓄电池产生的热一般认为在正常工作情况下主要考虑焦耳热。 （   ）

2. 动力蓄电池的液冷式散热系统适用于对高温不敏感的磷酸铁锂动力蓄电池。（   ）

3. 由于汽车地域适用性较为广泛,在寒冷地区要使新能源汽车能正常使用,必须对蓄电池进行额外的加热系统以满足要求。 （   ）

4. 新能源汽车蓄电池系统的低温充电安全问题极大地制约了新能源汽车在寒冷地区的推广。 （   ）

5. 自然风冷散热的效果极差,蓄电池包散热的最低温度只能到环境温度。 （   ）

6. 直冷散热效果不好,不是比亚迪全系新能源汽车所搭载的动力蓄电池散热方式。
（   ）

7. 新能源汽车动力蓄电池系统在放电或充电的过程中,蓄电池散热水泵一直会工作。
（   ）

8. 冷却液温度高于50℃时,VCU会接收到温度信号,此时冷却风扇开始工作。 （   ）

9. 电机控制器冷却液温度低于70℃(实测47℃)时,电动空调压缩机会关闭。 （   ）

10. 温控风扇则把控制程序写在风扇电机上,无须ECU控制器,通用性强。 （   ）

11. 风扇的换风方式是指吸风和吹风。 （   ）

12. 能温控风扇以单片机的电子控制技术为核心。 （   ）

13. 新能源汽车领域接触器主要应用于驱动电机、动力蓄电池包和配电系统中。（   ）

14.接触器就是利用大电流来控制大电流吸合或断开接触点来控制负载的交、直流主电路或大容量控制电路的自动化切换电器。　　　　　　　　　　　　　　　　　（　　）

15.线圈通上12V或24V电源后，线圈电流产生磁场，使静铁芯产生电磁吸力吸引动铁芯，并带动触点动作，常闭触点断开，常开触点吸合。　　　　　　　　　　　　　（　　）

16.根据电路中的负载大小不一样，接触器在电路的应用也不一样。　　　　　（　　）

三、选择题

1.动力蓄电池产生的热主要包括(　　　)。

    A.反应热　　　　　　　B.副反应热　　　　　　C.焦耳热　　　　　　　D.极化

2.以下哪种属于新能源汽车动力蓄电池散热方式？(　　　)

    A.自然风冷　　　　　　B.液冷　　　　　　　　C.直冷　　　　　　　　D.冰冷

3.以下属于比亚迪全系新能源汽车所搭载的动力蓄电池散热方式的是(　　　)。

    A.自然风冷　　　　　　B.液冷　　　　　　　　C.直冷　　　　　　　　D.冰冷

4.动力蓄电池的液冷式散热系统的冷却液主要成分是(　　　)的混合物，散热效果好。
(　　　)

    A.水和乙二醇　　　　　B.水和乙醇　　　　　　C.气和乙二醇　　　　　D.电和乙二醇

5.以下关于水泵的说法，正确的是(　　　)。

    A.水泵的作用是泵动高压蓄电池包中的冷却液

    B.对冷却系统的冷却液加压

    C.促使冷却液在冷却系统中循环

    D.带走动力蓄电池系统散发的热量

6.以下关于水泵工作原理的说法，错误的是(　　　)。

    A.动力蓄电池补偿水壶内、散热器内、水泵内均充满冷却液，叶轮被驱动旋转剥壳内，冷却液被叶轮带动一起旋转

    B.在离心力的作用下，冷却液甩向叶轮边缘，从排水口甩出进入动力蓄电池包进水管

    C.叶轮中心产生真空度，冷却液从水泵进入口被吸入泵壳内，叶轮不停旋转，冷却液就不断循环

    D.当水泵不转时，动力蓄电池系统或驱动电机及控制系统会出现过冷故障，车辆会限功率行驶或停机

7.以下关于冷却风扇受整车控制器(VCU)控制的说法，正确的是(　　　)。

    A.当冷却液温度高于45℃时，VCU会接收到温度信号

    B.冷却风扇开始工作，VCU控制脉冲宽度调制技术模块使冷却风扇以在20%~90%的占空比范围内8个挡位的速度工作

    C.当电动空调压缩机开启或电机控制器冷却液温度高于45℃时，冷却风扇即开始工作

    D.冷却风扇停止工作条件：电机控制器(MCU)冷却液温度低于65℃(实测47℃)，电动空调压缩机关闭

8.纯电动汽车驱动电机冷却风扇选型参数应该考虑哪些？(　　　)

A. 直径   B. 转速   C. 耐温   D. 防护等级

9. 以下关于蓄电池热管理系统故障码的说法,正确的是(　　)。

 A. 故障码 B2AOD13 的可能故障原因是蓄电池包进口温度传感器断路

 B. 故障码 B2AO0E12 的可能故障原因是蓄电池包进口温度传感器短路

 C. 故障码 B2AOF13 的可能故障原因是板式换热器端冷媒温度传感器断路

 D. 故障码 B2A1012 的可能故障原因是板式换热器端冷媒温度传感器短路

10. 以下关于接触器的说法,正确的是(　　)。

 A. 接触器就是利用大电流来控制小电流吸合或断开接触点来控制负载的交、直流主电路或大容量控制电路的自动化切换电器

 B. 在新能源汽车领域接触器主要应用于驱动电机、动力蓄电池包和配电系统中

 C. 接触器根据使用场景的不同可分为 3 种类型

 D. 交流接触器主要运用在交流充电桩内部电路,直流接触器主要运用于蓄电池包的正负极、配电系统中

11. 以下关于接触器工作原理的说法,正确的是(　　)。

 A. 当接触线圈通上 12V 或 24V 电源后,线圈电流产生磁场,使静铁芯产生电磁吸力吸引动铁芯,并带动触点动作,常闭触点断开,常开触点吸合

 B. 当接触线圈断开 12V/24V 的线圈电源时,电磁吸力消失,衔铁在释放弹簧的作用下释放,使触点复原

 C. 常开触点断开,常闭触点闭合,断开电源

 D. 磁吹式灭弧装置将触点周边的电弧扑灭,保证接触器在接通或断开的瞬间触点不被电弧烧结

12. 以下哪项属于电流容量大的电路中使用的接触器?(　　)

 A. 蓄电池包的正负极   B. 预充电路

 C. 电机控制电路   D. 汽车照明系统

13. 以下哪项属于电流容量小的电路中使用的接触器?(　　)

 A. 蓄电池包的正负极   B. 预充电路

 C. 汽车照明系统   D. 刮水系统

14. 接触器根据使用场景划分,有以下几类?(　　)

 A. 交流接触器 B. 直流接触器 C. 交直接触器 D. 交-直-交接触器

驱动电机及控制系统故障诊断与排除

知识目标

(1) 了解驱动电机及控制系统的组成及相关原理。

(2) 了解驱动电机及控制系统典型故障分析方法。

(3) 能够描述驱动电机旋变信号故障诊断与排除方法。

(4) 能够描述驱动电机控制器故障诊断与排除方法。

技能目标

(1) 能够进行电机旋变信号故障诊断与排除。

(2) 能够进行电动汽车驱动电机控制器相关故障诊断与排除。

素质目标

(1) 能够制订工作计划,独立完成工作学习任务。

(2) 能够在工作过程中,与小组其他成员合作、交流并进行学习任务分工,具备团队合作和安全操作意识。

(3) 养成服从管理、依据企业 7S 管理模式规范作业的良好工作习惯。

(4) 培养安全工作的意识和习惯。

▶ 学时:10 学时

任务1 驱动电机旋变传感器信号故障诊断与排除

任务描述

一辆电动汽车的仪表故障指示灯点亮,同时车辆失去动力不能行驶。经初步判断可能是驱动系统存在故障,现要求你依据所学相关知识对车辆作进一步诊断并排除故障。

如果驱动电机旋变信号发生故障,如何进行故障诊断与排除?

一、知识准备

(一)驱动电机及控制系统概述

1. 功用及组成

驱动电机及控制系统(以下简称驱动系统)的作用是:通过有效的控制策略将动力蓄电池的直流电转化为交流电,实现电机的正反转控制;在制动/减速时将电机发出的交流电转化为直流电,并将能量回收给动力蓄电池。

驱动系统的组成如图 3-1 所示。通常驱动电机及控制系统由驱动电机(DM)、电机控制器(MCU)、机械传动装置构成,通过高低压线束、冷却管路,与其他系统做电气和散热链接。比亚迪秦 EV 系列新能源汽车驱动系统实物如图 3-2 所示。

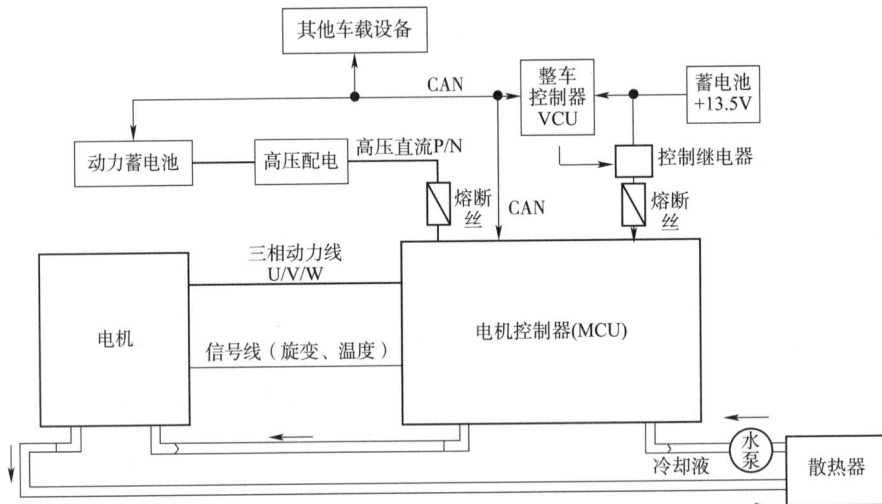

图 3-1 比亚迪秦 EV 系列新能源汽车驱动系统的组成

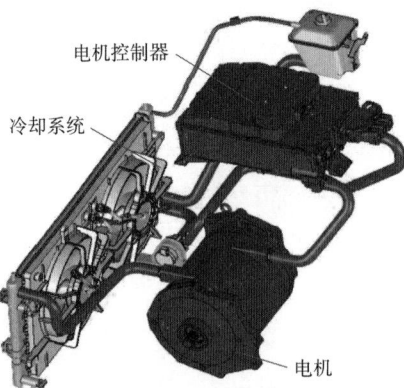

图 3-2 比亚迪秦 EV 系列新能源汽车驱动系统实物图

电机更换

2. 驱动电机

作为新能源汽车的"动力心脏",驱动电机是一种将电能转化为动能,并用来驱动其他装置的电气设备,是与汽车加速度、最高车速、爬坡坡度(一般车辆最大的爬坡坡度不超过40%)等重要指标及行车体验直接相关的核心部件。

新能源汽车的驱动电机分为以下几种:

(1)直流驱动电机。其调速性能好,启动转矩大,控制简单,控制器成本低,但功率密度低、质量与体积较大、在电机内部存在电刷和转向器等零件容易磨损、可靠性不高、维护周期短、维护难度大,因此,直流驱动电机在电动汽车中的使用率越来越低。

(2)交流感应驱动电机。它的构造简单,结构坚固,可靠性好,维护起来也非常简单。但交流感应驱动电机不能直接使用直流电驱动,需要使用功率变换器将直流电转变为频率和幅值可调的交流电,功率变换器会引发高次谐波和噪声,并且功率转换器成本高。同时,交流感应电动机因励磁电流的存在,工作电流大能量利用率低于永磁电机。所以,交流感应驱动电机在国内电动汽车上的使用率也不高。

(3)交流永磁同步驱动电机。其转子部分为永磁体,无励磁线圈,相较于感应电机转子结构更加坚固,体积更小,结构更为简单且无励磁损耗,效率高,电机功率密度大,质量和体积小;脉动小,震颤也较轻,也不易产生噪声,声音较微弱,同时它有较宽的弱磁范围与高转矩过载性能。因此,国内电动汽车在选用驱动电机时会经常选用交流永磁驱动电机。

(4)开关磁阻驱动电机。它的构造非常简单,可靠性也非常高,允许出现差错的范围也很大且控制简单,控制器成本低。但是在实际使用中,开关磁阻驱动电机会产生很大的噪声,设计和控制复杂导致,因而极少有汽车采用这种驱动电机。

(5)新能源汽车对驱动电机的要求。新能源汽车对驱动电机的一般要求是:质量轻、体积小;寿命长、可靠性高;耐压性好;整个转速范围效率高;具有低速大转矩特性和较宽范围的恒功率特性;电气系统安全性高等。

在新能源汽车中,通常采用的驱动电机为永磁同步电动机,永磁同步电机主要由电机的转子、定子、电机外壳、旋转变压器(简称旋变)、前后转子轴承、电机前后端盖以及三相电缆等部件组成,如图3-3所示。

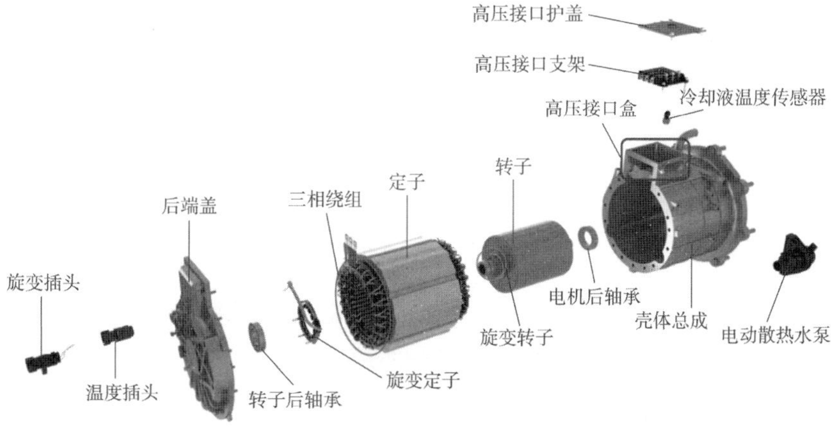

图 3-3 永磁同步电机解体图

永磁同步电机主要部件安装位置说明见表3-1。

永磁同步电机主要部件安装位置说明　　　　　　　表3-1

部件	说明
旋变定子	安装在后端盖上,用于检测电机转子位置、转速信号
旋变转子	安装在电机转轴上,与旋变转子总成配合反应转子角度位置
转子	布置在定子内部,用于磁能向动能的转换
三相绕组	安装在定子铁芯上,用于接入三相交流电产生磁场
定子	安装在壳体内部,用于增强通电线圈的磁性

3. 驱动电机控制器

驱动电机控制器是驱动系统的核心执行模块。驱动电机控制器接受蓄电池管理器和整车控制单元的信息,控制三相驱动电机的运转,并实现电机转速、方向和转矩的改变。电机控制器通过接收电机角度传感器信号作为控制命令的输出反馈,实现系统的闭环控制。

4. 旋变传感器

驱动电机使用了一些传感器来监测电机的工作信息。这些传感器包括旋转变压器和温度传感器。旋变传感器如同永磁同步电机的"眼睛",其作用是可精确检测转子的位置、方向、速度,用来驱动电机或发电机(回收能量)进行方向、转速的控制;温度传感器用来检测电机的绕组温度。

旋变传感器又称旋转变压器,部分车型也称解析器、转角传感器,是一种位置传感器。它是一种电磁式传感器,汽车维修行业里的人常称它为"旋变",它通常被用于检测电机转子旋转的瞬间精准位置。旋变传感器相当于发动机上的曲轴位置传感器,如果旋变信号失效或丢失,车辆将无法起动。

5. 旋变传感器与电机控制器之间的关系

(1)电机控制器是电机系统的控制中心,它对所有的输入信号进行处理,并将电机控制系统运行状态的信息发送给整车控制器。电机控制器内含功能诊断电路。当诊断出异常时,它将会激活1个故障代码,发送给整车控制器。

(2)旋变传感器主要是由三组信号线圈组成,即励磁线圈、正弦线圈、余弦线圈。传感器线圈固定在壳体上(固定不动),信号齿圈固定在转子上(随转子转动)。

(3)旋变传感器的主要作用是监测电机转子的转速,并将转子的位置反馈给电机控制器,是一种输出电压随转子转角变化的信号元件。当励磁绕组以一定频率的交流电压励磁时,输出绕组的电压幅值与转子转角呈正弦、余弦函数关系,或保持某一比例关系,或在一定转角范围内与转角呈线性关系。

(二)诊断与检测方法

(1)用诊断仪一定能诊断出故障码,确定是否为旋变传感器故障。

(2)旋变传感器的检测方法:因为旋变传感器主要是由线圈构成,故用电阻测量方法进行:

励磁绕组参考电压:打开点火开关"ON"挡测量插件端应有3~3.5V的交流电压;

正弦绕组阻值:拔下插件测量传感器端子应有(60±10)Ω电阻;

余弦绕组阻值:拔下插件测量传感器端子应有$(60 \pm 10)\Omega$电阻;

励磁绕组阻值:拔下插件测量传感器端子应有$(30 \pm 10)\Omega$电阻。

测量传感器各端子的说明见表3-2。

测量端子编号及信号名称　　　　　　　　　　表3-2

编号	信号名称	说明
A	激励绕组 R1	电机旋变传感器接口
B	激励绕组 R2	
C	余弦绕组 S1	
D	余弦绕组 S3	
E	正弦绕组 S2	
F	正弦绕组 S4	
G	TH0	电机温度传感器接口
H	TL0	

(3)两两针脚测量电阻值,判断在上述范围内是否正常(从电机控制器端进行测量,这样也可以确定电机控制器与电机旋变传感器线路是否正常);如果不正常则需要从电机端进行测量,确定是否在内部发生断路或损坏,如果是内部损坏,则需要拆卸电机总成,单独更换旋变传感器。

二、任务实施

(一) 工作准备

(1)防护装备:防护用品一套(工作服、绝缘劳保鞋、护目镜、绝缘头盔、绝缘手套)。

(2)车辆、台架、总成:比亚迪秦 EV 一辆,或其他同类型新能源汽车。

(3)专用工具、设备:拆装专用工具。

(4)手工工具:新能源汽车维修组合工具。

(5)辅助材料:高压维修警示牌和设备、绝缘地胶、二氧化碳灭火器、清洁剂。

所用设备及工具见表3-3。

设备及工具清点表　　　　　　　　　　表3-3

名称	数量	清点	名称	数量	清点
数字式万用表	1	□清点	万用接线盒	1	□清点
比亚迪秦 EV 整车	1	□清点	汽车诊断仪	1	□清点
绝缘手套	1	□清点	熔断插片	1	□清点
耐磨手套	1	□清点			

(二)实施步骤

1. 工作任务

本操作工作任务是在掌握驱动电机及控制系统知识的基础上,诊断并排除新能源汽车比亚迪秦 EV 汽车,行驶里程 8 万 km,按压起停开关,高压不能上电,仪表"OK"指示灯不亮,同时仪表显示"请检查动力系统"的故障,如图 3-4 所示。请完成此故障的诊断与排除任务。

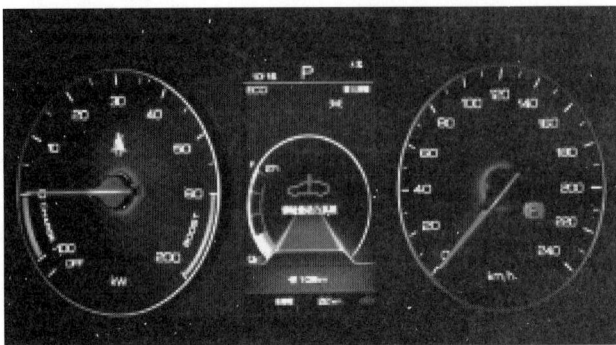

图 3-4　比亚迪秦 EV 仪表故障显示

2. 故障原因分析

电动汽车电机的旋变信号检测是上电的必要条件之一,旋变信号类似于传统燃油汽车的发动机曲轴位置传感器。旋变传感器用于检测电机转子的位置、转速及旋转方向,将信号反馈给电机控制器,用于控制电机的驱动。当控制器接收不到此信号时,控制器无法获得电机转子位置等信号,无法判断电机通电相位顺序,故此车辆无法进行高压上电。

可能原因是旋变故障,旋变故障一般分为硬件故障,即旋变传感器本身线圈绕组及电机控制器故障,以及旋变传感器线束或接插件故障,如图 3-5 所示。

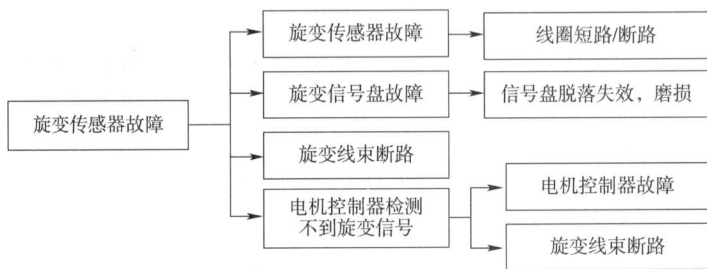

图 3-5　旋变传感器故障

电机旋转
变压器测量

3. 故障诊断

步骤 1:车辆基本检查,检查机舱插接件线束是否连接到位。

步骤 2:运用诊断设备,连接解码器,读取故障码,出现动力网-前驱动电机控制器故障码:P1BBF00、P1BBF200,如图 3-6 所示。

步骤 3:通过故障码可以非常明确看出是旋变传感器故障,此时需要进一步进行检查,并且读取数据流,检查有无异常,如图 3-7 所示。

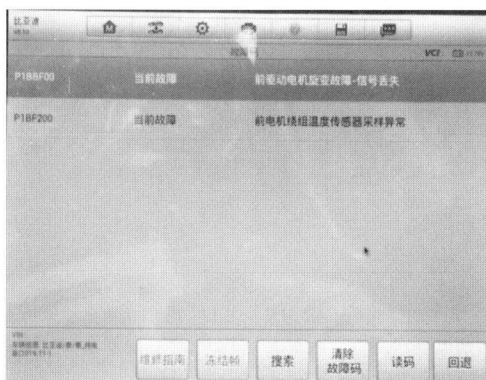

图 3-6 解码器显示故障码

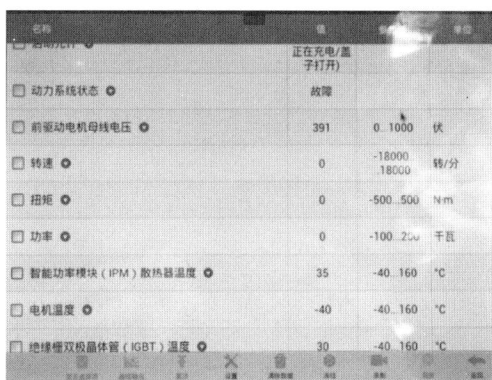

图 3-7 查看诊断仪前电驱动控制器数据流

步骤 4：关闭点火开关，断开低压蓄电池负极(等待 3min)，拆卸前驱电动总成的后端盖。如图 3-8 所示。

步骤 5：查阅电气原理图，找到旋变信号线路针脚号，分别测量正弦、余弦、励磁的阻值，图 3-9 ~ 图 3-11 所示为正常时的测量值。

图 3-8 拆卸前驱电动总成后端盖

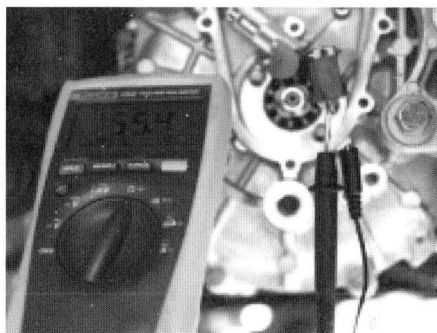

图 3-9 旋变传感器正弦电阻

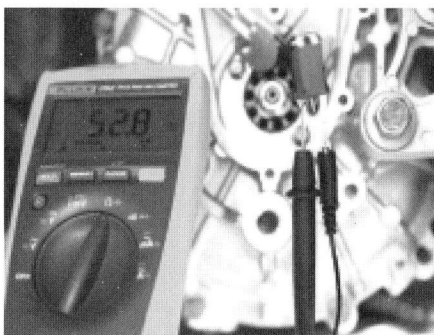

图 3-10 旋变传感器余弦电阻

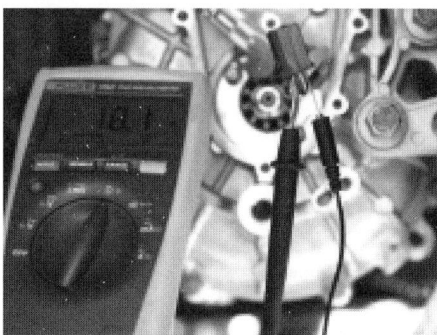

图 3-11 旋变传感器励磁电阻

步骤 6：测量旋变传感器插接件电阻无穷大，继续查找发现电机插头处针脚退针，如图 3-12 所示。

4. 故障排除

修复传感器线束插针，重新起动汽车，仪表显示正常("OK")，汽车正常上电，故障排除，如图 3-13 所示。

图 3-12　测量旋变传感器电阻

图 3-13　仪表显示

5. 故障总结

该故障是旋变传感器线路退针引起的系统故障,从而导致电机控制器无法检测到电机旋变传感器信号。

在检查此类故障时,通过电阻法测量线束导通性及传感器线圈电阻是比较便捷的方法,当阻值没有明显异常时,我们还可以通过示波器测量励磁信号,可以判断电机控制器是否输出励磁电流,用以判断电机控制器是否有故障。同时也可测量正弦、余弦信号,检查其本身有无信号反馈回电机控制器,通过波形信号的幅值、频率观察信号有无缺失或信号波形减弱等问题。

6. 现场 6S 整理

进行现场 6S 整理。

学习拓展

驱动系统部分可根据需求设置缺相、励磁输出信号偏弱、旋变信号缺失等故障。可根据所学知识及查看相应视频,了解电机励磁故障、电机正弦故障、电机余弦故障、电机温度故障等故障的排查。

任务2　驱动电机控制器故障诊断与排除

任务描述

比亚迪秦 EV 新能源汽车车主,遥控钥匙随车主进入车内,踩下制动踏板,按下起动按钮,仪表"OK"指示灯不亮,车辆无法正常起动。车主将车送至汽车维修站点,请问接下来该如何排查故障?

一、知识准备

(一) 驱动电机控制系统概述

1. 结构组成

本部分内容以比亚迪秦 EV 系列车型为例。秦 EV 的驱动电机控制系统也称前驱电动总成或三合一驱动系统,主要由驱动电机控制器、驱动电机、单挡变速器组成,如图 3-14 所示。

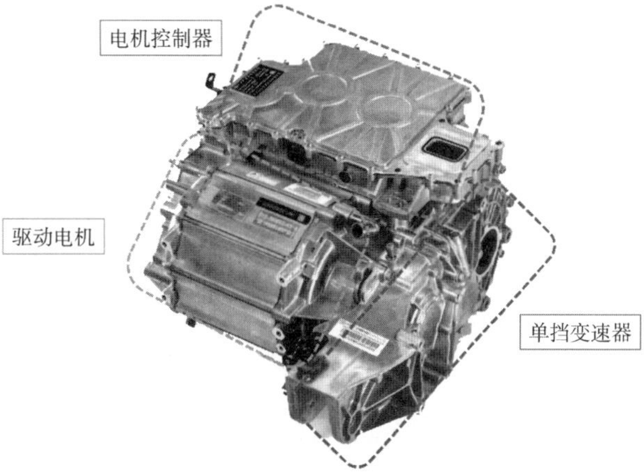

图 3-14 比亚迪秦 EV 前驱电动组成

2. 安装位置

比亚迪秦 EV 的前驱电动总成位于机舱中部,在充配电总成的下方,充配电总成位置如图 3-15 所示。

图 3-15 比亚迪秦 EV 实车上充配电总成安装位置

3. 集成方案

本着"高品质、高电压、高集成、高转速、高性能、低成本"的开发理念,在比亚迪秦 EV 的设计中,驱动电机及电机控制器采用了直连的方式,减少了三相电缆、驱动电机和控制器共用冷却系统(通过整车控制器(VCU)控制电子水泵、电子风扇进行循环冷却),成本降低了33%,体积减小了30%,质量也减轻了25%,功率密度增加20%,新欧洲驾驶循环(New European Driving Cycle, NEDC)续驶里程效率提升1%,转矩密度增加17%,其集成方案见表3-4。

比亚迪秦EV前驱电动总成集成方案　　　　　　　　　　　　表3-4

集成内容	示图	集成目的
电机、电控端子直连,取消三相线		降低成本
电机、电控水道直连,取消水管		降低成本
电机转子轴和减速器输入轴共用		提高同轴度,减少噪声
电机壳体和减速器壳体共用		降低成本,提高同轴度,提高装配精度

　　而除了比亚迪秦EV,在比亚迪的众多车型中,例如唐EV、宋Pro及相关混合动力车型搭载的也都是前驱电动总成。

(二)电机控制器认识

1.定义及组成

驱动电机控制器是驱动系统的核心执行模块,又称智能功率模块。驱动电机控制器接收动力蓄电池管理器和整车控制单元的信息,控制驱动电机的运转,并实现电机转速、方向和转矩的改变。电机控制器通过接收电机角度传感器(电机解角传感器)信号,作为控制命令的输出反馈,实现系统的闭环控制。

驱动电机控制器主要组成包括智能功率(Intelligent Power Module,IPM)模块、绝缘栅双极型晶体管(Insulated Gate Bipolar Transistor,IGBT)模块、信号数据采集模块、并联电路等硬件,以及电机控制算法与逻辑保护等软件部分。下面简要介绍 IPM 模块与 IGBT 模块。

IPM 是指智能功率模块,把功率开关器件(IGBT)和驱动电路集成在一起,而且内有过电压、过电流和过温等故障检测电路,并可将检测信号送到 CPU。

IGBT 是一种由绝缘栅型场效应管(Metal Oxide Semiconductor FET,MOS)和双极型晶体管(三极管)(Bipolar Junction Transistor,BJT)组合成的复合全控制型电压驱动式功率半导体器件,被认为是电动汽车的核心技术之一。

2.功能

(1)具有采集转矩请求、旋变等信号,控制电机正向、反向驱动以及正、反转发电的功能。

(2)具有高压输出电压和电流控制限制的功能。

(3)具有电压跌落保护、过流保护、过温保护、IPM 过温保护、IGBT 过温保护、功率限制、转矩控制限制等功能。

(4)具有能量控制、主动泄放、被动泄放控制的功能。

3.工作原理

电机控制器原理如图 3-16 所示。

旋转变压器检测转子位置并判断其状态,接通电机控制器内相应的 IGBT,此时高压直流电经电机控制器内的 IGBT 进行逆变后流入定子绕组线圈,通电产生旋转的磁场(电转磁-电感),利用右手法则判定磁极,同性相斥、异性相吸使转子的磁铁随之转动。W 三极管导通,V 三极管 PWM 控制电流的大小和频率,实现电机的调速。

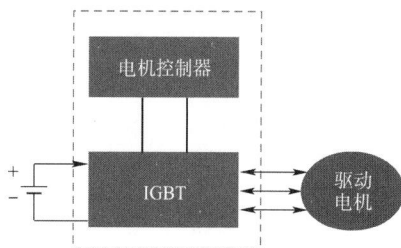

图3-16 电机控制器原理

当车辆在减速或滑行时,驱动电机会根据磁场旋转的方法切割导线,将汽车的部分动能转化为电能,进行能量回收。旋转磁场是转子,被切割的导线是定子绕组。转子旋转(机械能转换成磁能)产生磁场,定子绕组线圈(磁能转成电能-电磁感应)产生电能;每转动 180°产生的电压方向(极性)改变一次(进去低电位,出来高电位),从而产生交流方波电。最后经过电机控制器内的 IGBT 上的二极管整流变成直流电输出给动力蓄电池包充电。

注意:当电动汽车动力蓄电池组的 SOC 大于 95% 或混合动力电动汽车 SOC 大于 90%,

能量回收的电能不给动力蓄电池充电。当动力蓄电池有故障时,能量回收的电能不会给动力蓄电池充电。

(三) 电机控制器故障码

纯电动汽车电机控制器故障码见表3-5。

纯电动汽车电机控制器故障码 表3-5

序号	故障码(ISO15031-6)	故障定义
1	P1BB000	前驱动电机过流
2	P1BB200	前驱动电机一般过温告警
3	P1BB298	前驱动电机严重过温告警
4	P1BB300	前驱动电机控制器 IGBT——NTC 一般过温告警
5	P1BAC00	前驱动电机控制器 IGBT 核心温度一般过温告警
6	P1BB319	前驱动电机控制器 IGBT——NTC 严重过温告警
7	P1BAC19	前驱动电机控制器 IGBT 核心温度严重过温告警
8	P1BB500	前驱动电机控制器电压欠压
9	P1BB600	前驱动电机控制器电压过压
10	P1BB700	前驱动电机控制器电压采样故障
11	P1BB800	前驱动电机控制器碰撞信号故障
12	P1BB900	前驱动电机控制器开盖保护(预留)
13	P1BBA00	前驱动电机控制器 EEPROM 错误
14	P1BBC00	前驱动电机控制器 DSP 复位故障
15	P1BBD00	前驱动电机控制器主动泄放故障
16	P1BBF00	前驱动电机旋变故障——信丢失号
17	P1BC000	前驱动电机旋变故障——角度异常
18	P1BC100	前驱动电机旋变故障——信号幅值减弱
19	P1BC200	前驱动电机缺 A 相
20	P1BC300	前驱动电机缺 B 相
21	P1BC400	前驱动电机缺 C 相
22	P1BC900	前驱动电机控制器电流霍尔传感器 A 故障
23	P1BC500	前驱动电机控制器电流霍尔传感器 B 故障
24	P1BC600	前驱动电机控制器电流霍尔传感器 C 故障
25	P1BC800	前驱动电机控制器 IGBT 温度校验故障报警
26	U014187	与整车控制器通信故障
27	U011100	与 BMC 通信故障
28	P1BD119	前驱动电机控制器驱动复杂可编程逻辑器件(CPLD),驱动芯片过流故障
29	PIBD117	前驱动电机控制器驱动 CPLD,驱动芯片过压故障
30	P1BD000	前驱动电机控制器驱动数字信号处理(DSP),处理芯片死机故障

二、任务实施

(一)工作准备

(1)防护装备:防护用品一套(工作服、绝缘劳保鞋、护目镜、绝缘头盔、绝缘手套)。

(2)车辆、台架、总成:比亚迪秦 EV 或其他纯电动汽车一辆。

(3)专用工具、设备:拆装专用工具。

(4)手工工具:新能源汽车维修组合工具。

(5)辅助材料:高压维修警示牌和设备、绝缘地胶、二氧化碳灭火器、清洁剂。

所用设备及工具见表3-6。

设备及工具清点表　　　　　　　　　　表3-6

名称	数量	清点	名称	数量	清点
数字式万用表	1	□清点	万用接线盒	1	□清点
比亚迪秦 EV 整车	1	□清点	汽车诊断仪	1	□清点
绝缘手套	1	□清点	熔断插片	1	□清点
耐磨手套	1	□清点			

(二)实施步骤

1.工作任务

本操作工作任务是在掌握驱动电机及控制系统知识的基础上,诊断并排除新能源汽车无法正常起动的故障。

2.故障原因分析

驱动电机控制器的常见故障原因如下:

(1)控制器模块本身的故障。

(2)电机温度传感器故障。

3.驱动电机控制器故障诊断方法

(1)读取故障码。

使用故障诊断仪读取故障码(DTC),驱动电机控制器可能存在的 DTC 见表3-7。

驱动电机控制器相关的故障码　　　　　　　　　　表3-7

故障码(DTC)	故障描述	可能发生部位
PIB00-00	IPM 故障	电机控制器
PIB01-00	旋变传感器故障	MG2 电机线束,插接器
PIB02-00	欠电压保护故障	电机控制器

续上表

故障码（DTC）	故障描述	可能发生部位
PIB03-00	主接触器异常故障	电机控制器， 动力蓄电池管理器， 高压配电箱
PIB04-00	过电压保护故障	电机控制器
PIB05-00	IPM 散热器过温故障	电机控制器
PIB06-00	挡位故障	挡位管理器， 电机控制器/线束
PIB07-00	加速踏板异常故障	加速踏板深度传感器回路
PIB08-00	电机过温故障	制动踏板深度传感器回路
PIB09-00	驱动电机过电流故障	MG2 电机
PIB0A-00	缺相故障	电机控制器，线束
PIB0B-00	EEPROM	—

（2）故障检测。

①控制器电源与搭铁的诊断。

根据 DTC 提示完成故障检测，其中包括电源和搭铁的线路检测。电源与接地诊断时参考的电路图如图 3-17 所示。

整车控制器动力网
CAN-High 故障
案例

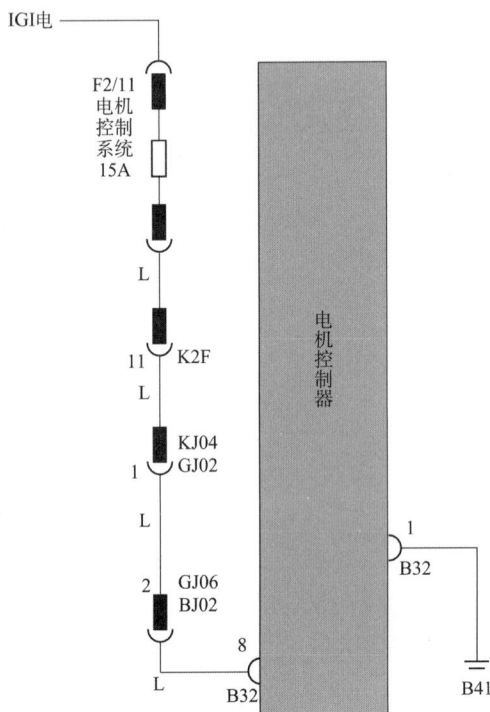

图 3-17　电机控制电源与搭铁参考电路图

a. 拔下电机控制器 B32（外围 24 端子棕色）连接器。

b. 测量线束端连接器各端子间电阻或电压。

c. 连接器端子与标准参考值如图 3-18 所示。

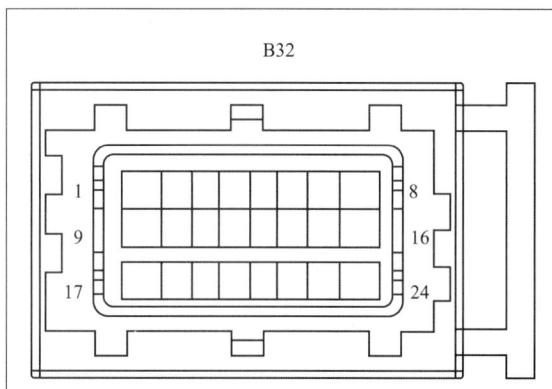

端子	线色	条件	正常值
B32-8-车身地	L	电源打到"ON"挡	11 ~ 14V
B32-1-车身地	B	电源打到"ON"挡	小于 1Ω

图 3-18　电机控制器 B32 连接器端子与标准参考值

② 电机控制器与电机低压端子线束电阻检测。

a. 用故障诊断仪检测电机控制器和电机。

b. 对照图 3-19 进行测量，如果不符合正常值，则更换相应的组件。

端子	线色	正常值
B32-7→B23-1	O	小于 1Ω
B32-15→B23-4	Lg	小于 1Ω
B32-4→B22-1	Y/L	小于 1Ω
B32-5→B22-2	Y/O	小于 1Ω
B32-6→B22-3	Y/G	小于 1Ω
B32-12→B22-4	L/W	小于 1Ω
B32-13→B22-5	L/O	小于 1Ω
B32-14→B22-6	Gr	小于 1Ω

图 3-19　电机控制器连接器 B22、B23 的端子和标准参考值

③主电机控制器检测数据:测量电机控制器高压正负极输入端与控制器向驱动电机输出端的电压值,标准参考值见表3-8。

驱动电机输入端电压值　　　　　　　　　　　　表3-8

动力电机输出相位	输入端	正常值
A 相	与控制器输入正极	
	与控制器输入负极	
B 相	与控制器输入正极	0.3V
	与控制器输入负极	
C 相	与控制器输入正极	
	与控制器输入负极	

④角度传感器的诊断。

a. 使用故障诊断仪诊断如产生 DTC:P1B01-00——旋变传感器故障。

b. 检查低压连接器。退电至"OFF"挡,拔掉电机控制器低压连接器 B33。

比亚迪主接触器控制
故障排除

测量 B33-4 和 B33-12 之间电阻是否为 8 ~ 10Ω;测量 B33-5 和 B33-13 之间电阻是否为14 ~ 18Ω;测量 B33-6 和 B33-14 之间电阻是否为 14 ~ 18Ω。

如果所测电阻正常,则检查 B22 接插件是否松动,如果没有松动,则为动力总成故障。

c. 更换驱动电机控制器与 DC 总成。

电机控制器连接器 B33 主要端子的定义如图 3-20、表 3-9 所示。

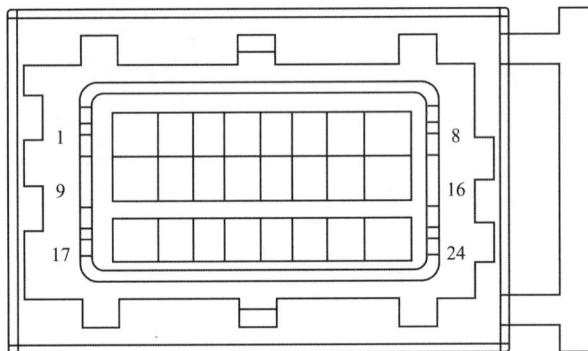

图 3-20　电机控制器连接器 B33 端子示意图

电机控制器连接器 B33 端子定义　　　　　　　　　表3-9

端子号	线色	端子描述	条件	正常值
3	绿	MG2 旋变屏蔽地	始终	小于1V
4	黄	MG2 励磁 +	线束端(断线插件)	与励磁(- 8.1 ±2)Ω
5	蓝	MG2 正弦 +	线束端(断线插件)	与正弦(- 14 ±4)Ω
6	橙	MG2 余弦 +	线束端(断线插件)	与余弦(- 14 ±4)Ω

端子号	线色	端子描述	条件	正常值
7	粉	MG2 电机过温	线束端(断线插件)	与 15 端子有电阻值(小于 100Ω)
8	灰	运行模式切换信号输入	"ON"挡	小于 1V 或 11~14V
11	紫	CAN 屏蔽地	始终	小于 1V
12	绿黑	MG2 励磁 –	线束端(断线插件)	与励磁(+8.1±2)Ω
13	黄黑	MG2 正弦 –	线束端(断线插件)	与正弦(+14±4)Ω
14	蓝黑	MG2 余弦 –	线束端(断线插件)	与余弦(+14±4)Ω
15	绿黄	MG2 电机过温地	线束端(断线插件)	与 7 端子有电阻值(小于 100Ω)
16	黄红	运行模式切换信号输出	"ON"挡	小于 1V 或 11~14V
19	棕	CAN 信号高	始终	2.5~3.5V
20	白	CAN 信号低	始终	1.5~2.5V
21	白黑	驻车制动信号	驻车	小于 1V
22	白红	制动信号	踩制动踏板	11~14V

⑤相关 DTC P1B02:欠电压保护故障(或 P1B04:过电压保护故障)的诊断。首先检查动力蓄电池电量,动力蓄电池电量变化量是否大于额定值的 10%。如果电量正常,则检测高压母线,步骤如下:

a.断开维修开关,等待 5min。

b.拔掉电机控制器高压接插件端子。

c.插上维修开关,整车上电。

d.测量母线电压值,测量母线正—母线负端子,正常值为标准动力蓄电池电压。

e.如果母线电压值不在正常范围内,那么检查高压配电盒及高压线路。否则,更换驱动电机控制器。

4. 驱动电机控制器更换流程

如果确认驱动电机控制器损坏,应进行更换,更换流程如下。

(1)拆卸前需求。

①整车"OFF"挡。

②拔掉紧急维修开关,等待 5min 以上。

③拆掉配电盒。

(2)拆卸步骤。

①拆掉电机三相线接插件的 4 个螺栓。

②拔掉高压母线接插件。

③拆掉附在箱体上的配电盒上端螺栓。

④拆掉底座 4 个紧固螺栓。

⑤将控制器往左移,拔掉低压接插件,拆掉接地螺栓,拔掉 DC 低压输出线,拔掉 4 个低压线束卡扣。

⑥将控制器往右移,拆掉进水管,拆掉出水管。

注意:拆掉进水管时,将流出的冷却液用容器接住。

(3)安装步骤。

①将控制器放进安装位置。

②将控制器往右边移动,安装进水管、出水管。

③安装4个底座螺栓(先对准左上方螺栓,将螺栓放进去,拧进1/3,再对准右下方螺栓,将螺栓拧进1/3,之后放进其他螺栓,将所有螺栓拧紧。紧固力矩为22N·m)。

④卡上DC 12V输出线卡扣,插上DC 12V接插件;卡上ACM线束卡扣;安装接地螺栓(紧固力矩22N·m);插上接插件。

⑤安装箱体侧面的配电盒螺栓。

⑥插上高压母线接插件。

⑦安装电机三相线接插件(先装最靠近车头下方的螺栓,拧进1/3;再装其对角螺栓,拧进1/3;之后安装其他螺栓;将所有螺栓拧紧。紧固力矩为9N·m)。

5.故障总结

驱动电机控制器是驱动系统的核心执行模块。驱动电机控制器接收动力蓄电池管理器和整车控制单元的信息,控制驱动电机的运转,并实现电机转速、方向和转矩的改变。电机控制器通过接收电机角度传感器(电机解角传感器)信号,作为控制命令的输出反馈,实现系统的闭环控制。驱动电机控制器存在故障时,会导致电机不能正常运转,使车辆失去动力。同时位于车辆仪表盘上的动力系统故障指示灯 ⚠ 将点亮。注意:如果仅有 🔥 指示灯点亮,说明问题是驱动电机的温度过高,系统将降低驱动电机的功率输出。

6.现场6S整理

进行现场6S整理。

学习拓展

案例参考:驱动电机控制器丢失通信故障诊断与排除

1.故障现象

遥控钥匙已随车主进入车内,车主踩下制动踏板,按下起动按钮,仪表"OK"指示灯不亮。

2.故障排除

步骤1:连接通道908E,读取故障码"与电机控制器丢失通信"。

步骤2:查看电气原理图,如图3-21所示。

步骤3:测量B30/10对地电压,实测:11V;正常值:11V(正常)。

步骤4:测量B30/9对地电压,实测:2.5~3.5V;正常值:2.5~3.5V(正常)。

步骤5:测量B30/14对地电压,实测:1.5~2.5V;正常值:1.5~2.5V(正常)。

步骤6:断开蓄电池负极,测量:B30/9—B30/14电阻,实测:无穷大;正常值:60Ω(异常)。

步骤7:断开蓄电池负极,测量:B30/9-G19/9 电阻:实测:无穷大,正常值:小于1Ω(异常)。

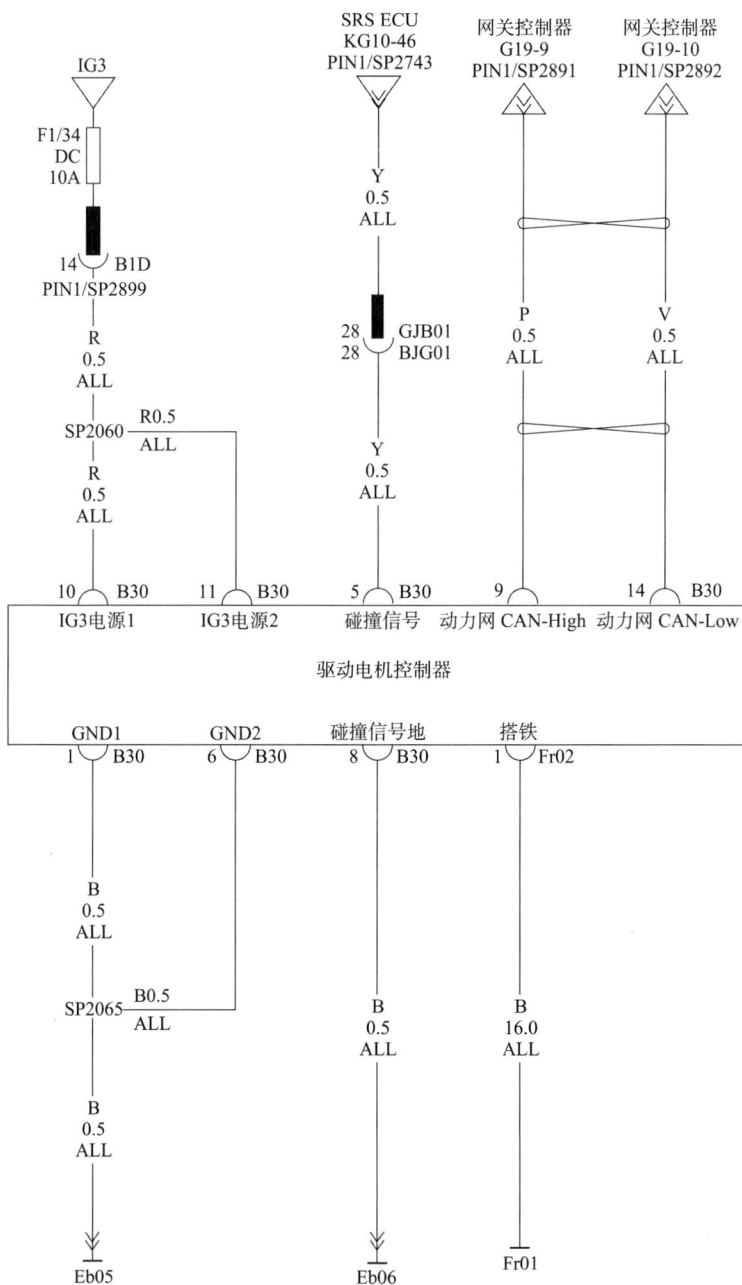

图3-21 电气原理图

3.诊断结论

B30/9-G19/9 线路断路。

◆ 习题

一、填空题

1. 通常驱动电机及控制系统由_____、_____、_____构成。
2. 新能源汽车的驱动电机分为_____、_____、_____、_____四种。
3. 驱动电机控制器主要组成包括：_____、_____、信号数据采集模块、关联电路等硬件，以及电机控制算法与逻辑保护等软件部分。
4. 旋变传感器主要是由三组信号线圈组成：分别为_____、_____和_____。
5. 新能源汽车中驱动电机将电能转化为_____。
6. 国内新能源汽车常用的驱动电机为_____。

二、判断题

1. 新能源汽车要求驱动电机体积小、质量轻，具有可靠性高和寿命长的特点。（　　）
2. 新能源汽车无须要求驱动电机全速段高效运行。（　　）
3. 电机驱动系统一般由电动机、功率变换器、传感器和控制器组成。（　　）
4. 驱动电机控制器是驱动系统的核心执行模块。（　　）
5. 一般车辆最大的爬坡坡度不超过40°。（　　）
6. 开关磁阻电机的工作原理是三相交流电在定子绕组中产生旋转磁场，由永磁铁构成的转子跟随旋转磁场旋转。（　　）
7. 直流电机调速性能好，起动转矩大。（　　）
8. 直流电机控制复杂，易磨损。（　　）
9. 交流异步电机具有高可靠性，制造成本高。（　　）
10. 无刷直流电机无换向器和电刷，结构简单牢固，尺寸和质量小，基本免维护。（　　）
11. 开关磁阻电机一般定子凸极比转子凸极少两个。（　　）
12. 开关磁阻电机结构简单、紧凑牢固，效率高、能耗小。（　　）
13. 开关磁阻电机的成本相对而言最低。（　　）
14. 开关磁阻电机的噪声较大。（　　）
15. 永磁同步电机和无刷直流电机的转子结构相似，都是由永磁铁组成。（　　）

三、选择题

1. 以下关于驱动电机冷却系统的说法，正确的是（　　）。
   A. 驱动电机作为纯电动汽车的驱动装置可实现极低排放或零排放
   B. 驱动电机功率和转矩的日益增大，对电机和控制器热管理系统的要求也随之提高
   C. 电机和控制器的热管理系统主要对其进行冷却，使其能够安全可靠运行
   D. 驱动电机和控制器的温度突然升高或者超过其最高温度时，可能引发电机的故障，而控制器对使用温度也有一定的要求

2. 以下关于强制风冷的说法，正确的是（　　）。
   A. 采用强制风冷的优点是结构简单、不需要设计独立的冷却系统、维护方便及成本低
   B. 冷却效果较差

C. 电机和控制器在车辆上使用时对应的工况较为复杂,强制风冷无法在各个工况下保持所需的散热量

D. 仅在热负荷小的小型车驱动电机或辅助电机采用强制风冷

3. 以下关于液冷的说法,正确的是(　　　　)。

A. 相比强制风冷,乙二醇型防冻液具有更高的比热容

B. 对于新能源汽车的驱动电机和控制器等元件,采用液冷可以迅速带走热量,实现温度的快速降低,提高电机和控制器的效率和延长其使用寿命

C. 现阶段新能源汽车电机和控制器普遍使用液冷冷却,国内自主品牌主要采用冷却液作为介质

D. 日系车型的电机则能够采用 ATF(自动变速器油)作为冷却介质,与冷却液相比,油冷电机体积更小

4. 以下属于电机冷却系统的组成的是(　　　　)。

A. 前电驱动　　　　　　　　　　B. 充配电总成

C. 动力蓄电池　　　　　　　　　D. 驱动电机冷却水泵

5. 以下关于冷却液的说法,正确的是(　　　　)。

A. 由水、防冻剂、添加剂三部分组成

B. 按防冻剂成分不同,冷却液一般可分为乙醇型、甘油型、乙二醇型三种

C. 现在市面上应用比较多的是乙二醇防冻液

D. 乙二醇能与水以任意比例混合

6. 以下关于驱动电机的说法,正确的是(　　　　)。

A. 在比亚迪秦 EV 中,采用的驱动电机为永磁同步电机

B. 永磁同步电机主要由电机的转子、定子、电机外壳、旋转变压器、前后转子轴承、电机前后端盖以及三相电缆等部件组成

C. 旋转变压器如同永磁同步电机的"眼睛"

D. 驱动电机是一种将电能转化为动能

7. 以下关于旋转变压器的说法,正确的是(　　　　)。

A. 旋转变压器又称旋变传感器

B. 旋转变压器是一种电磁式传感器,汽车维修行业里的人常常称它为"旋变"

C. 纯电动汽车上的驱动电机现多为永磁同步电动机

D. 旋转变压器又称为正余弦旋转变压器

8. 永磁同步电机主要部件有哪些? (　　　　)

A. 旋变定子　　　　　　　　　　B. 旋变转子

C. 转子　　　　　　　　　　　　D. 三相绕组

9. 比亚迪秦 EV 的驱动电机控制系统包括(　　　　)。

A. 前驱电动总成　　　　　　　　B. 驱动电机控制器

C. 驱动电机　　　　　　　　　　D. 单挡变速器

10. 智能功率模块的英文缩写是 (　　　　)。

A. IPM   B. CPM   C. APM   D. BPM

11. 以下属于驱动电机控制器的硬件的是(   )。

    A. 智能功率模块   B. 信号数据采集模块

    C. 关联电路   D. 绝缘栅双极型晶体管模块

12. 当纯电动汽车蓄电池组的 SOC 大于(   )时,能量回收的电能不会给动力蓄电池充电。

    A. 95%   B. 90%   C. 85%   D. 80%

智能钥匙系统故障诊断与排除

知识目标

(1) 熟知中央门控锁组成、工作原理。
(2) 掌握中控门锁 ECU 检测方法。
(3) 识读一键起动电气原理图。
(4) 掌握起动过程信息处理流程。
(5) 掌握一键起动的必要条件。

技能目标

(1) 具备阅读一键起动电路图的能力。
(2) 能正确测量一键起动开关性能好坏。
(3) 能正确测量起动开关信号电压。
(4) 能够诊断和排除起动系统无反应等故障。
(5) 能够诊断和排除一键起动故障。

素质目标

(1) 认真严谨、积极主动,安全生产,文明施工。
(2) 与小组成员、同学之间能合作交流,协调工作。
(3) 获得分析问题和解决问题的基本方法。
(4) 积极主动与小组成员交流、讨论学习成果,取长补短,完成自我提升。

▶ **学时:6 学时**

任务1　智能钥匙系统解锁无反应故障诊断与排除

任务描述

对于车门上锁,在正常的高速行驶时可以有效保护车内人员。但是,遇到事故被锁车内时反倒会导致非常严重的后果,因此,对于车门智能上锁故障排查是十分有必要的。比亚迪秦 EV 车主在距离车外 1.5m 范围内,按下一键起动开关,发现左前门车门无法打开,解锁无反应,请问作为专业的技术维修人员,该如何解决该问题呢?

一、知识准备

(一)中控门锁概述

1.中控门锁组件安装位置

比亚迪秦 EV 车型中配有中控门锁,其中控门锁组件安装的位置如图4-1所示。

图 4-1　比亚迪秦 EV 中控门锁组件安装位置

比亚迪秦 EV 车型的中控门锁系统是由车身集成控制模块(BCM)控制电动门锁解锁/闭锁的系统,其操作方式分为三种:

(1)按下左前玻璃升降器开关组上的门锁总开关发送解锁/闭锁请求信号给 BCM,BCM接收并处理开关信号,驱动相应的门锁电机解锁/闭锁。

(2)按下微动开关发送解锁/闭锁请求信号给 BCM,BCM 接收并处理开关信号,驱动相应的门锁电机解锁/闭锁。

(3)遥控钥匙解闭锁,I-key ECU 发送解闭锁信号给 BCM 接收信号并驱动相应的门锁电机解锁/闭锁。图4-2为比亚迪秦 EV 车型中控门锁系统框图。

2.中控门锁开关工作原理

比亚迪秦 EV 车型的中控门锁开关安装在驾驶人侧车门及前排乘员侧车门处。这两个开关都可以将所有的车门闭锁或解锁。如图4-3所示,"1"表示中控锁闭锁,按下此键,四门门锁同时闭锁。"2"表示中控锁解锁,按下此键,四门门锁同时解锁。

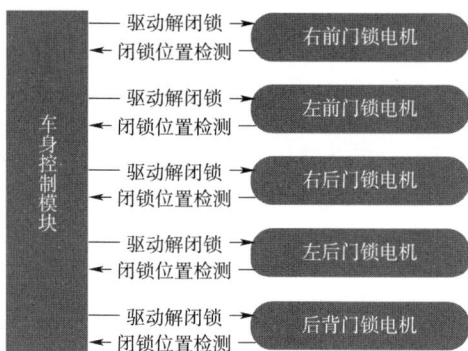

图 4-2　比亚迪秦 EV 车型中控门锁系统框图　　图 4-3　比亚迪秦 EV 车型中控门锁开关

3. 中控门锁的主要特点

比亚迪秦 EV 车型中控门锁的主要特点表现在以下几方面：当车速超过约 20km/h 时，所有车门将自动落锁；关闭车辆点火开关后或车辆挂 P 挡后，所有车门自动解锁；车辆遭受强烈撞击时，所有车门将自动解锁，是否自动解锁根据具体撞击力度和事故类型而定。

4. 中控门锁的功能原理

比亚迪秦 EV 车型中控门锁的功能是可以进行中央控制、速度控制和单独控制。具体地说，就是当驾驶人锁住其身边的车门时，其他车门也同时锁住，驾驶人可通过门锁开关同时打开各个车门，也可单独打开某个车门；当行车速度达到一定值时，各个车门能自行锁上，防止乘员误操作车门把手而导致车门打开；除在驾驶人身边车门以外，还在其他门设置单独的弹簧锁开关，可独立地控制一个车门的打开和锁住。进行中控锁故障诊断时，可以参考左前门门锁电气原理图（图 4-4）与左前门门锁解锁/闭锁电气原理图（图 4-5）。

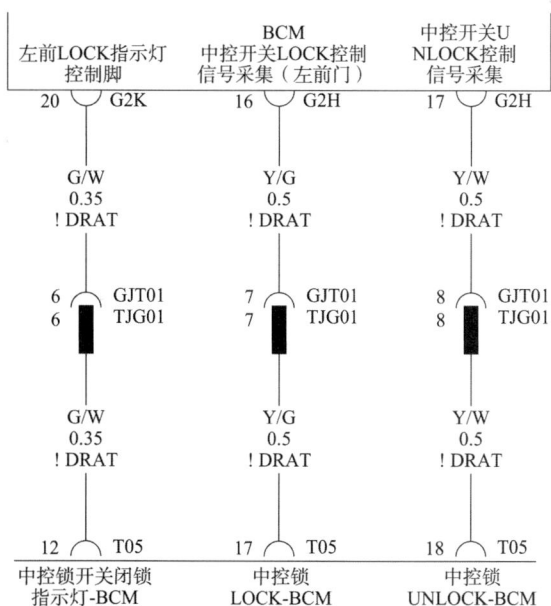

图 4-4　左前门门锁电气原理图

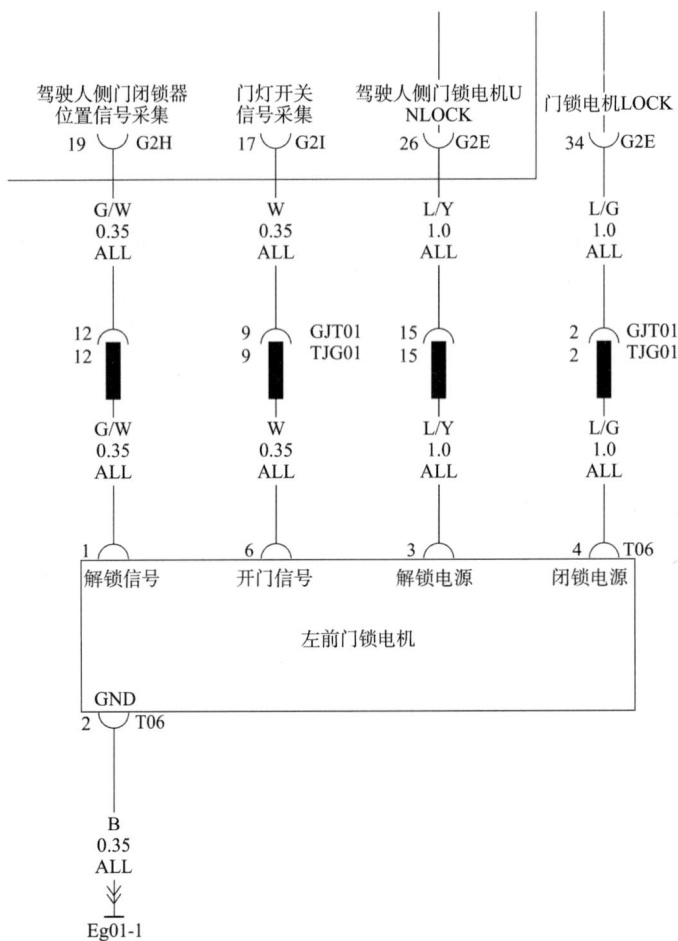

图 4-5 左前门门锁解锁/闭锁电气原理图

(二) 中控门锁 ECU 检测

以比亚迪秦 EV 车型中控门锁 ECU 检测为例来学习。比亚迪秦 EV 车型中控门锁 ECU 检测从 BCM G2K、G2I、K2G、G2E、G2H 后端引线,检测各端子的电压或电阻,测量结果对照表 4-1。

与中控门锁相关的端子正常值对照表 表 4-1

端子号	端子描述	条件	正常值
G2E-26-车身地	左前门锁电机开锁驱动	左前门解锁瞬间	11～14V
G2E-34-车身地	左前门锁电机闭锁驱动	左前门闭锁瞬间	11～14V
G2H-19-车身地	左前门门锁位置反馈	左前门门锁开锁	小于1V
G2E-33-车身地	右前门锁电机开锁驱动	右前门解锁瞬间	11～14V
G2E-35-车身地	右前门锁电机闭锁驱动	右前门闭锁瞬间	11～14V

续上表

端子号	端子描述	条件	正常值
G2H-20-车身地	右前门门锁位置反馈	右前门门锁开锁	小于1V
K2G-6-车身地	左后门锁电机开锁驱动	左后背门解锁瞬间	11～14V
K2G-8-车身地	左后门锁电机闭锁驱动	左后背门闭锁瞬间	11～14V
G2J-9-车身地	左后门门锁位置反馈	左后背门门锁开锁	小于1V
K2G-7-车身地	右后门锁电机开锁驱动	右后背门解锁瞬间	11～14V
K2G-9-车身地	右后门锁电机闭锁驱动	右后背门闭锁瞬间	11～14V
K2G-10-车身地	右后门门锁位置反馈	右后背门门锁开锁	小于1V
K2G-10-车身地	后背门锁解锁驱动	后背门解锁瞬间	11～14V

二、任务实施

中控锁故障检修
案例

（一）工作准备

（1）实训开始前，提前准备好需要使用的个人防护用品，并检查是否符合使用标准。

（2）实训开始前，提前做好场地防护，设置警告标识，操作位置布置好绝缘防护措施。

（3）检查实训场地和设备设施是否清洁及存在安全隐患，配电箱、排查是否符合用电需求，如不正常请汇报老师并进行处理。

（4）记录车辆铭牌信息，做好检测结果记录。

（5）实训结束后，必须清理场地和设备，撤除警示标识。

所需设备和工具见表4-2。

设备及工具清点表 表4-2

名称	数量	清点	名称	数量	清点
比亚迪秦EV	1辆	□清点	工位防护套装	1套	□清点
数字式万用表	1套	□清点	饰板拆装专用工具	1套	□清点
道通MS908E汽车故障诊断仪	1套	□清点	个人防护套装	2套	□清点
万用接线盒	1套	□清点			

（二）实施步骤

1.工作任务

比亚迪秦EV车主在距离车外1.5m范围内按下一键起动开关，发现左前门车门无法打开，解锁无反应。作为专业的技术维修人员，请结合上述知识准备内容，完成排除智能钥匙系统解锁无反应故障的任务。

2.故障原因分析

原因可能有以下几点：

（1）中控锁故障。

（2）中控锁开关故障。

（3）线路故障。

（4）钥匙故障等。

3. 故障诊断

首先排除车钥匙本身(如没电故障,以及周围环境信号干扰太严重等原因导致无反应故障外等)故障诊断步骤如下:

（1）比亚迪秦 EV 左前门门锁总开关故障。

步骤 1:连接故障诊断仪,清除车身控制模块的故障码。

步骤 2:读取车身控制模块是否还有故障码。车身控制模块故障码对应含义见表 4-3。

车身控制模块故障码对应含义　　　　　　　　　　　　表 4-3

故障码	含义
B224007	驾驶人侧门锁钥匙锁芯开关故障
B224107	驾驶人侧门锁总开关故障

步骤 3:如有故障码,则更换左前门窗控开关。

步骤 4:检查左前窗控开关 CAN 通信,断开左前窗控开关连接器 T05,检查线束端子对应的电压,检测结果对照表 4-4。

线束端子对应电压　　　　　　　　　　　　表 4-4

端子号	线色	正常值
T05-17-车身地	V	约 2.5V
T05-18-车身地	P	约 2.5V

步骤 5:如无故障码,更换舒适 CAN 线束。

步骤 6:更换 BCM。

（2）比亚迪秦 EV 左前门不能解锁/闭锁。

步骤 1:拆卸左前门门锁电机,给门锁电机通电,检查电机是否工作。门锁电机相关端子对照表 4-5。

门锁电机相关端子对照表　　　　　　　　　　　　表 4-5

端子号	条件	标准值
T06-3-T06-4	T06-3-蓄电池（＋）T06-4-蓄电池（－）	电机解锁
T06-3-T06-4	T06-4-蓄电池（＋）T06-3-蓄电池（－）	电机闭锁

步骤 2:门锁电机不工作,更换电机或维修门锁电机。

步骤 3:门锁电机正常工作,检查门锁电机线束。

步骤 4:断开左前门门锁电机 T06 端子,断开 BCM G2I、G2H、G2E 连接器,检查各线束端子的电阻值。

门锁电机 T06 端子对应电阻值见表 4-6。

门锁电机 T06 端子对应电阻值表 表 4-6

端子号	线色	正常值
T06-3-G2E-26	Y/G	小于 1Ω
T06-4-G2E-34	R/G	小于 1Ω
T06-1-G2H-19	W/B	小于 1Ω
T06-6-G2I-17	Y	小于 1Ω
T06-2-车身地	B	小于 1Ω

步骤 5:若测量的结果与上表的数值不相符,则更换线束或接插件。

步骤 6:若测量的结果与上表的数值相符,则检查 BCM。

步骤 7:在 BCM G2EL 后端引线检测其各端子的数值。G2EL 后端引线检测其各端子的数值见表 4-7。

G2EL 后端引线检测其各端子的数值 表 4-7

端子	条件	正常值
G2E-34-车身地	门锁控制开关打到"LOCK"	11 ~ 14V
G2E-26-车身地	门锁控制开关打到"UNLOCK"	11 ~ 14V

步骤 8:若测量结果数值与上表数值不相符,则更换 BCM。

4.故障排除

参照上述诊断过程,更换或修复有故障部件,即可排除故障。

5.故障总结

正常情况下,车辆附近信号干扰太严重,会导致车辆无法起动。钥匙里面如果太脏了也会导致接触不良,这时可以先把钥匙拆开,用酒精清洗一下。不同车型或品牌车,距离可能会有所差别,可适当离车近一点。其他情况,必须让专业技师检查,根据具体问题具体分析,对症修复。

6.现场 6S 整理

进行现场 6S 整理。

任务2 一键起动系统的故障诊断与排除

任务描述

小王买了一辆比亚迪秦 EV 纯电动汽车,驾驶一段时间后,出现驾驶人按压一键起动开关进行上电,发现车辆仪表无显示,车辆无法上电的情况。小王决定去 4S 店维修,如果你是处理人员,请问该如何诊断车辆低压系统一键起动故障吗?

一、知识准备

汽车智能无钥匙进入系统(Passive Keyless Enter,PKE),该产品采用了世界最先进的无线射频(Radio Frequency Identification,RFID)技术和最先进的车辆身份编码识别系统,率先应用小型化、小功率射频天线的开发方案,并成功地融合了遥控系统和无钥匙系统,沿用了传统的整车电路保护,真正地实现双重射频系统、双重防盗保护,为车主最大程度地提供便利和安全。技术的发展推动了产品的更新,进入系统由原先的机械钥匙变为遥控系统,随着RFID 技术的广泛运用和汽车市场的需求不断扩大,遥控进入系统被无钥匙进入系统替代已经成为必然趋势。

1. 智能钥匙起动车辆

比亚迪秦 EV 配置有无钥匙进入及一键起动系统,即智能钥匙系统。驾驶人只需手持钥匙,在距离车门 1.5m 范围内向车内控制器发出指令,智能钥匙实现远程解锁车门、上电和起动等操作。整个系统通过一个集成式车身控制器控制,当集成式车身控制器探测到钥匙在某个探测区域范围内,对钥匙进行探测与验证,并发送运行的信号给相关执行动作的电子控制单元(ECU),完成整个系统工作。探测系统是由 6 个探测天线总成(车内 3 个,车外 3个)和 1 个集成在控制器内的高频接收模块组成,探测车内有效范围及车外 1.5m 范围内。智能钥匙起动车辆如图 4-6 所示。

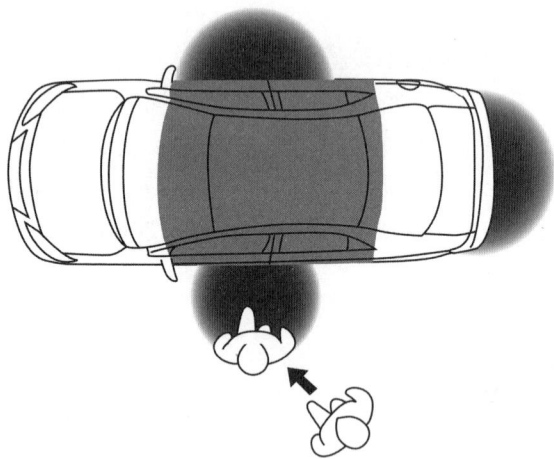

图 4-6　智能钥匙起动车辆

2. 智能钥匙系统组成

以比亚迪秦 EV 为例,智能钥匙系统主要由左前门把手总成、keyless 模块、中央集控器(BCM)、"一键起动"开关、3 个室内天线、3 个室外天线、整车控制器、智能钥匙等组成,如图 4-7 所示。

图4-7 智能钥匙系统主要组成部件

（1）起动开关。当起动开关信号传输至keyless系统时，一键起动开关上的绿色/黄色指示灯会告知驾驶人系统正常或系统存在异常情况。当智能钥匙电池电量低时，车身内的探测天线向keyless系统发送信号，keyless模块通过网关控制器与仪表模块通信，仪表同时会显示"检测不到钥匙"。若仪表出现"检测不到钥匙"，只需拿钥匙靠近一键起动开关按钮旁，按下起动开关即可完成车辆上电。

（2）智能钥匙。接收来自室外和室内天线的信号，并将射频信号传送给keyless系统。

（3）智能钥匙系统控制器。依照来自开关和天线的信号，控制无钥匙进入和起动系统。

3. 一键起动系统工作原理

1）起动步骤

一键起动切换规律如下：当不踩制动踏板时，按下起动开关，电源模式为"OFF"挡，仪表同时显示"请踩下制动踏板"。仪表无前台信息显示。当踩制动踏板，按下起动开关，电源模式切换变化为"ON"挡，仪表正常显示"OK"指示灯，蓄电池组SOC灯亮，即正在高压上电。

2）信号传输

驾驶人手持合法的智能钥匙靠近左前门0.7～1.5m范围内。车外探测天线检测到低频信号传输给集成式车身控制模块，按下左前门微动开关后，BCM驱动左前门锁电机解锁，驾驶人进入驾驶室踩下制动踏板，按下起动开关，BCM驱动车内天线发出低频信号寻找钥匙，当钥匙遥控器收到信息认证后发出信号回应车辆，BCM通过动力CAN网络系统与整车控制器通信验证，若所有信息有效，BCM将控制相关IG继电器以起动车辆。图4-8所示为智能钥匙系统框图，图4-9为一键起动系统电气原理图。

4. 上电策略条件

第一，低压供电系统正常。常电、双路电在"ON"挡条件下，电压在9～16V之间为正常。汽车电路中，"常电"指的是不受任何开关、继电器等控制的电路，例如危险报警闪光灯电路就是常电。"双路电"指一个负载有两个电源供电，两个电源之间可以切换，在其中一个电源失电的情况下可以切换到另一个电源供电。

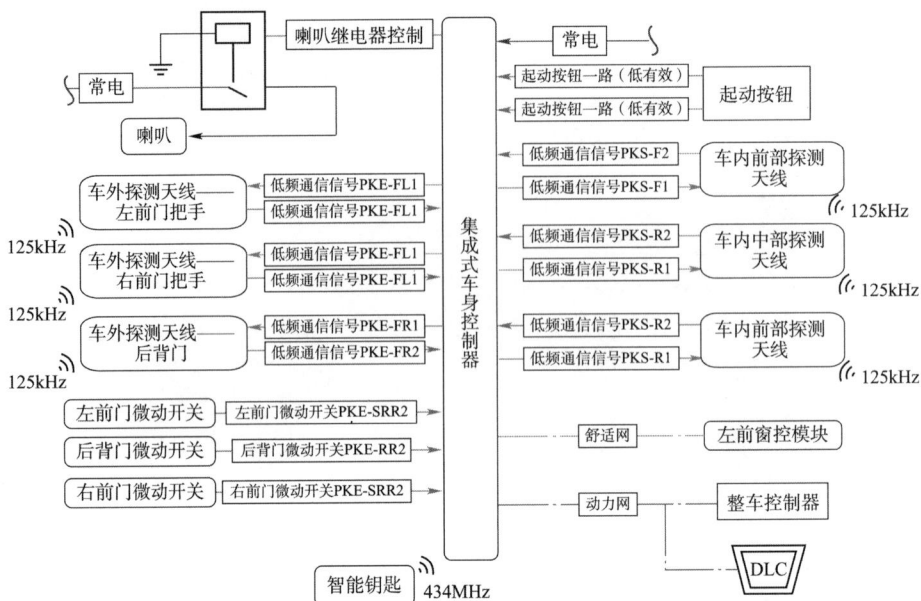

图 4-8　智能钥匙系统框图

第二,发动机防盗认证通过。

汽车的一键起动防盗认证指的是发动机没有检测到车钥匙,这样汽车就无法起动。出现这种状况的原因大部分是因为车钥匙没有电了或者是接收模块出了问题,还有就是存在一些外界干扰。比如附近磁场紊乱导致传递的信号混乱、防盗控制系统和发动机控制系统之间的通信出现问题,无法正常传递信号。智能钥匙系统电路如图 4-10 所示。

第三,制动踏板信号、挡位信号有效。

第四,高压互锁连接完整。高压互锁电路如图 4-11 所示。

第五,BMC 通过自检,预充完成。BMC 预充电路如图 4-12 所示。

5. 比亚迪秦 EV 起动故障症状和 DTC 故障码

不同车型故障码不同。以比亚迪秦 EV 为例,故障症状表和 DTC 故障对照见表 4-8、表 4-9。

故障症状表　　　　　　　　　　　　　　　　　　　　　　　　　　　　　表 4-8

故障症状	可疑部位
电子智能钥匙的所有遥控功能不工作(持有合法钥匙,且在遥控区域)	电子智能钥匙、集成式车身控制器、线束或连接器
遥控功能正常,但操作左前门微动开关无动作(持有合法钥匙,且在探测区域)	左前门把手微动开关、左前门把手探测天线、集成式车身控制器、线束或连接器
遥控功能正常,但操作右前门微动开关无动作(持有合法钥匙,且在探测区域)	右前门把手微动开关、右前门把手探测天线、集成式车身控制器、线束或连接器
遥控功能正常,但操作车后微动开关无动作(持有合法钥匙,且在探测区域)	车后微动开关、车后探测天线、集成式车身控制器、线束或连接器
车内探测天线无法识别钥匙(持有合法钥匙,且在探测区域)	车内探测天线(前、中、后)、集成式车身控制器、线束或连接器
无电模式下起动不能正常工作	启动按钮、智能钥匙、线束或连接器

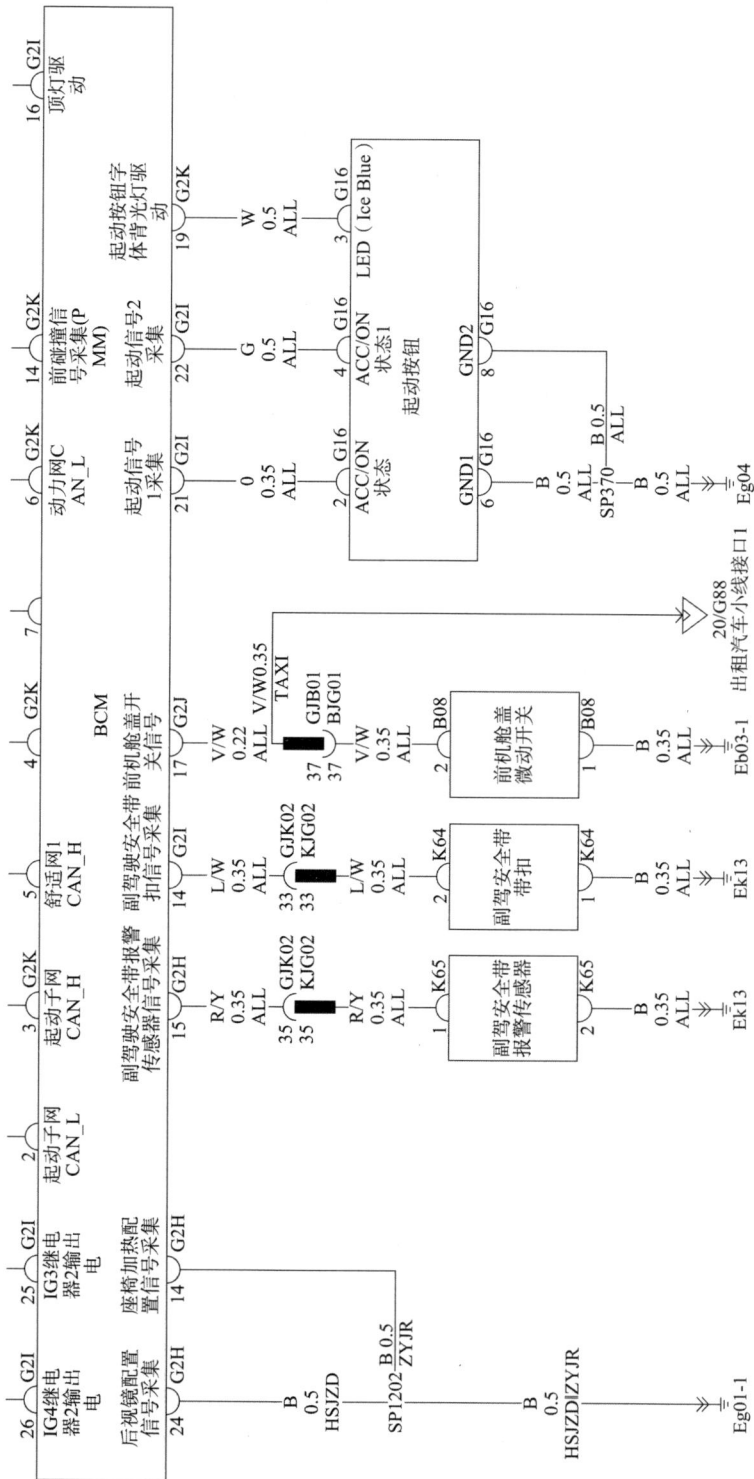

图 4-9

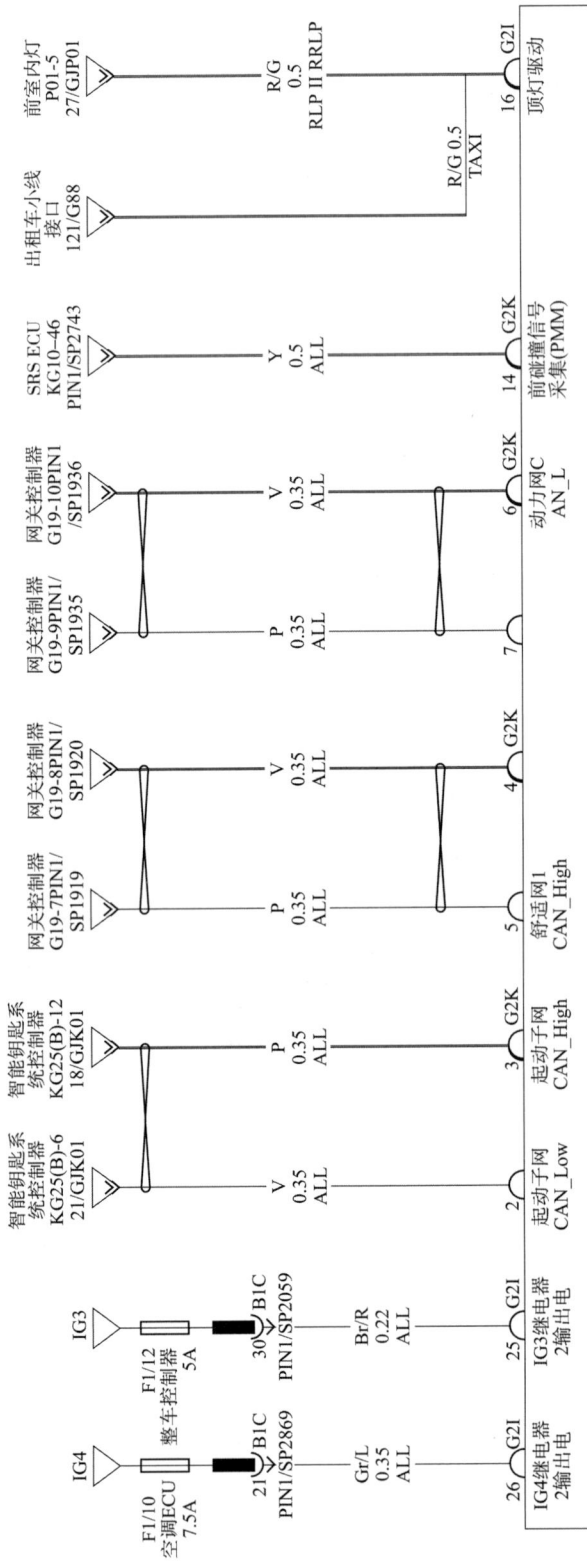

b) BCM

图4-9 整车电气原理图之一键启动系统电路

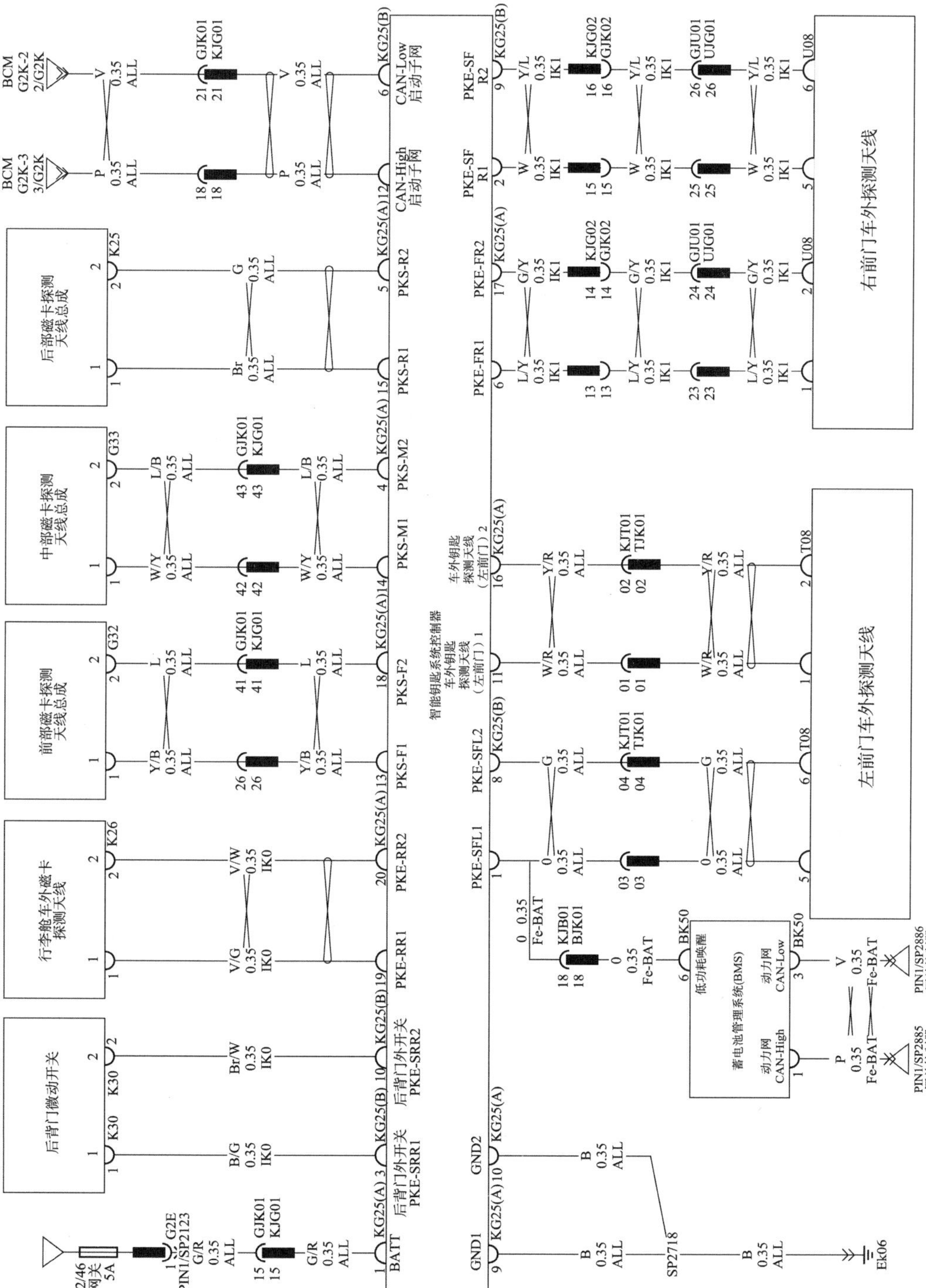
智能钥匙系统控制器
后部磁卡探测天线总成
中部磁卡探测天线总成
前部磁卡探测天线总成
行李舱车外磁卡探测天线
后背门微动开关
右前门车外探测天线
左前门车外探测天线
蓄电池管理系统(BMS)
低功耗唤醒
动力网CAN-High
动力网CAN-Low
CAN-High启动子网
CAN-Low启动子网
后背门外开关PKE-SRR1
后背门外开关PKE-SRR2
车外钥匙探测天线（左前门）1
车外钥匙探测天线（左前门）2
BCM G2K-3 3/G2K
BCM G2K-2 2/G2K
F2/46 网关 5A
PIN1/SP2123
PIN1/SP2885 网关控制器 G19-9
PIN1/SP2886 网关控制器 G19-10
SP2718
Ek06
BATT
GND1
GND2
PKS-F1
PKS-F2
PKS-M1
PKS-M2
PKS-R1
PKS-R2
PKE-RR1
PKE-RR2
PKE-SFL1
PKE-SFL2
PKE-FR1
PKE-FR2
PKE-SF R1
PKE-SF R2

图4-10 智能钥匙系统

蓄电池包-33PIN

充配电总成

交流高压互锁输出 | 交流高压互锁输入

15 BK46 | 14 BK46

高压互锁输入
30 BK51

高压互锁输出
29 BK51

充配电总成

高压互锁输出
13 BK46

高压互锁输入
12 BK46

L/R
0.35
PTC-FJR && BM-33

Y
0.35
B2

W/L
0.35
B2

W/G
0.35
BM-33

G/B
0.35
ALL

L/R 0.35
PTC-S && BM-33

L/R
0.35
PTC-FJR

26 BJG01
26 GJB01

20 BJG01
20 GJB01

L/R
0.35
PTC-FJR

L/R
0.35
PTC-FJR

10 BK45(B) | 11 BK45(B)

充电互锁输出 | 充电互锁输入

蓄电池管理器B

L/R 0.35
A1

4 BK45(B) | 5 BK45(B)

高压互锁输出 | 高压互锁输入

蓄电池管理器B

6 G834 | 3 G834

互锁信号输出 | 互锁信号输入

PTC(风加热器)

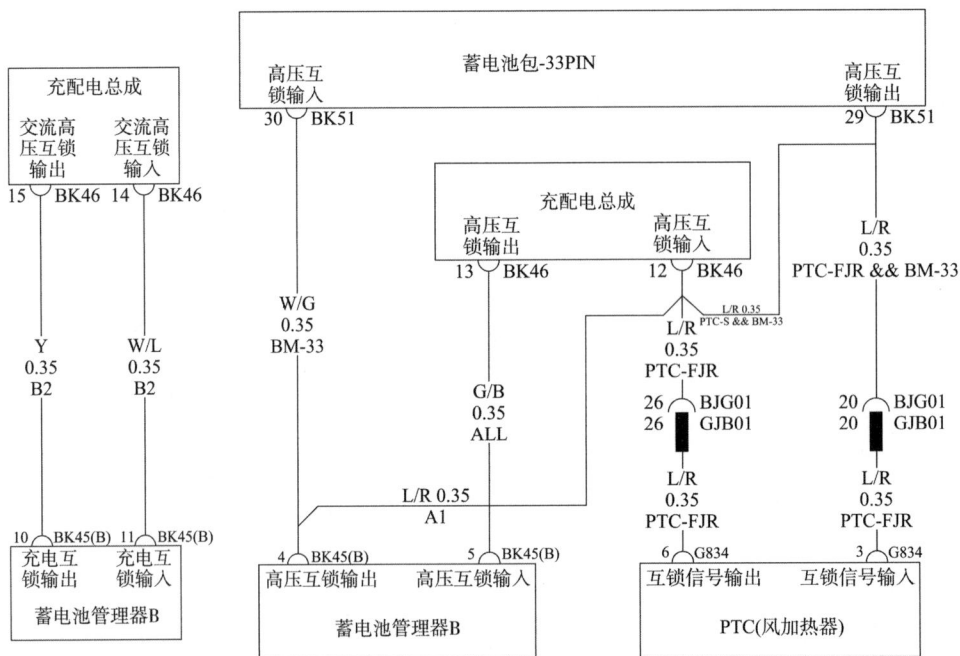

图 4-11 高压互锁电气图

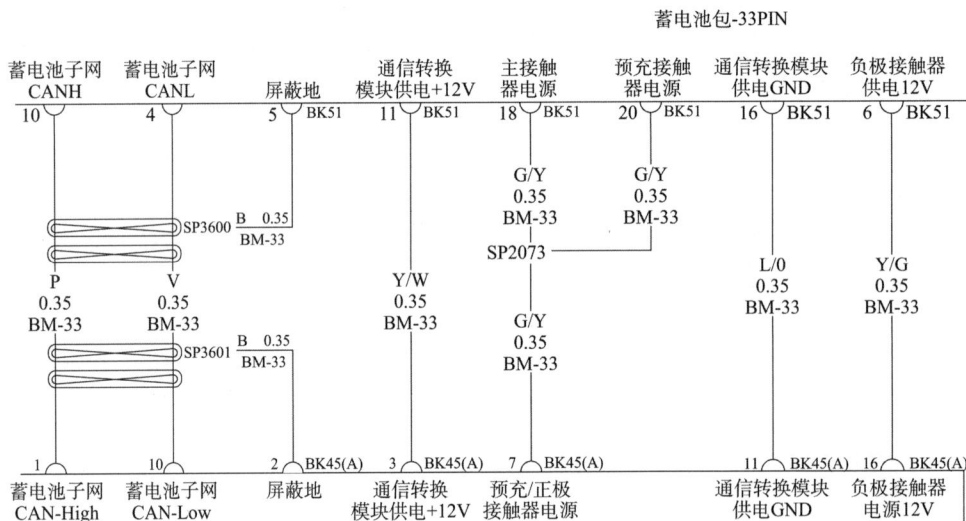

蓄电池包-33PIN

蓄电池子网CANH
10

蓄电池子网CANL
4

屏蔽地
5 BK51

通信转换模块供电+12V
11 BK51

主接触器电源
18 BK51

预充接触器电源
20 BK51

通信转换模块供电GND
16 BK51

负极接触器供电12V
6 BK51

SP3600 B 0.35 BM-33

G/Y
0.35
BM-33

G/Y
0.35
BM-33

L/0
0.35
BM-33

Y/G
0.35
BM-33

P
0.35
BM-33

V
0.35
BM-33

Y/W
0.35
BM-33

SP2073

SP3601 B 0.35 BM-33

G/Y
0.35
BM-33

1 | 10 | 2 BK45(A) | 3 BK45(A) | 7 BK45(A) | 11 BK45(A) | 16 BK45(A)

蓄电池子网CAN-High | 蓄电池子网CAN-Low | 屏蔽地 | 通信转换模块供电+12V | 预充/正极接触器电源 | 通信转换模块供电GND | 负极接触器电源12V

图 4-12 BMC 预充电气原理图

DTC 故障对照表　　　　　　　　　　　　表 4-9

DTC	故障描述	故障范围
B229D-16	高频接收器模块供电过低故障	集成式车身控制器
		线束或连接器
B229D-17	高频接收器模块供电过高故障	集成式车身控制器
		线束或连接器

续上表

DTC	故障描述	故障范围
B2298-96	读卡器模块内部天线故障	车内多功能(前部)探测天线
B227C13	车内前部探测天线开路故障	车内前部探测天线
		线束或连接器
B227D13	车内中部探测天线开路故障	车内中部探测天线
		线束或连接器
B227E13	车内后部探测天线开路故障	车内后部探测天线
		线束或连接器
B22A713	车外左前探测天线开路故障	车外左前探测天线
		线束或连接器
		集成式车身控制器
B22A613	车外右前探测天线开路故障	车外右前探测天线
		线束或连接器
B22A813	车外行李舱探测天线开路故障	车外行李舱探测天线
		线束或连接器
B22A016	低频天线驱动供电过低故障	低频天线
		线束或连接器
B22A017	低频天线驱动供电过高故障	低频天线
		线束或连接器
B227B00	转向轴锁不匹配故障	未匹配
B22AB00	ECM 不匹配故障	ECM/整车控制器
		未匹配

二、任务实施

(一)工作准备

(1)实训开始前,提前准备好需要使用的个人防护用品,并检查是否符合使用标准。

(2)实训开始前,提前做好场地防护,设置警告标识,操作位置布置好绝缘防护措施。

(3)检查实训场地和设备设施是否清洁及存在安全隐患,配电箱、排查是否符合用电需求,如不正常请汇报老师并进行处理。

(4)记录车辆铭牌信息,做好检测结果记录。

(5)实训结束后,必须清理场地和设备,撤除警示标识。

所需设备及工具见表4-10。

设备及工具清点表　　　　　　　　　　　　表 4-10

名称	数量	清点	名称	数量	清点
比亚迪秦 EV	1 辆	□清点	工位防护套装	1 套	□清点
数字式万用表	1 套	□清点	饰板拆装专用工具	1 套	□清点
道通 MS908E 汽车故障诊断仪	1 套	□清点	个人防护套装	2 套	□清点
万用接线盒	1 套	□清点			

(二)实施步骤

1.工作任务

一辆比亚迪秦 EV 纯电动汽车,客户反应遥控钥匙解锁车辆后,反复踩住制动踏板,一键起动开关按钮指示灯不亮,按下一键起动开关车辆还是无反应,仪表无反应,如图 4-13 所示。请你完成该任务。

2.故障分析

解锁车辆起动时,发现踩住制动踏板后按下一键起动开关,车辆无任何反应,此时应首先检查制动灯是否点亮以及观察一键起动按钮指示灯是否点亮。然后观察仪表状态,仪表有显示起动按钮故障,排除是全车无电造成起动开关无反应,首先怀疑开关供电电源异常或

图 4-13　比亚迪秦 EV 起动开关

一键起动开关损坏。当发现一键起动开关指示灯不亮,导致一键起动开关无反应故障原因有开关线路故障、一键起动开关本体损坏故障等。一键起动无反应故障检查流程如图 4-14 所示。

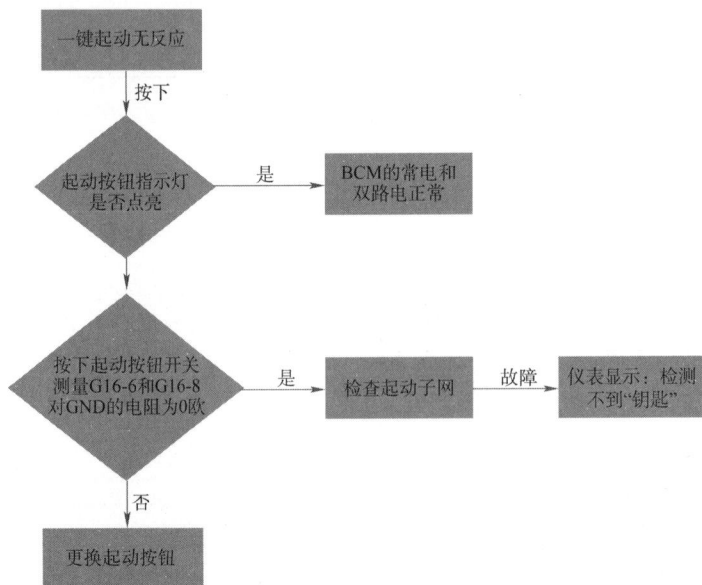

图 4-14　一键起动按钮无反应检查流程图

3.故障诊断

步骤1:当出现踩下制动踏板仪表无反应的情况时,首先应进行车辆低压蓄电池电压过低等基础检查。

步骤2:打开机舱盖,测量低压蓄电池的静态电压为12.26V,正常,标准值12V,如图4-15所示。

步骤3:查询电气原理图,测量G16 2号与G16 6号之间的电压和G16 4号与G16 6号之间的电压,标准值:12V,如图4-16~图4-18所示。

图4-15 蓄电池的静态电压

图4-16 起动电流

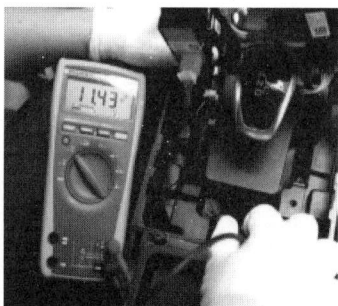

图4-17 G16 2号与G16 6号电压

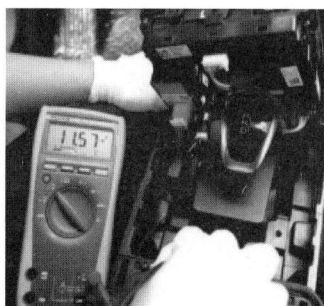

图4-18 G16 4号与G16 6号电压

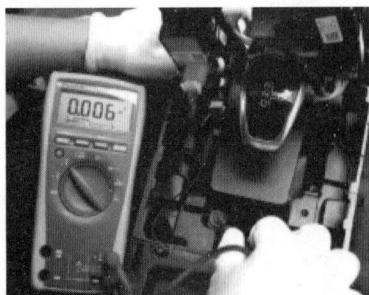

图4-19　按下启动开关后电压

步骤4:按下点火开关后,电压无变化,正常状况为按下起动开关电压从12V变为0V,松开起动开关后电压从0V变为12V,如图4-19所示。

4.故障排除

以上现象说明起动开关损坏,更换一键起动开关。仪表显示正常,汽车正常上电,故障排除。

5.故障总结

起动开关线束插头卡口断裂,引起起动故障,从而导致起动开关无任何反应,造成高压无法上电,"OK"指示灯不亮。针对此类故障,发现开关指示灯不亮,测量插头线束针脚信号电压均正常,此时需要测量起动开关是否存在故障以及插头线束是否插接到位。对于插头损坏导致的故障现象,提醒在进行诊断作业前应详细询问车主车辆工作状态、故障发生原因以及车辆是否出过事故或总成件被维修过。这些问题都有可能造成人为故障,通过了解,便于在诊断时快速锁定故障部位。

6.现场6S整理

进行现场6S整理。

习题

一、填空题

1.比亚迪秦EV车型的中控门锁系统是由车身集成控制模块制电动门锁_____、_____的系统。

2.比亚迪秦EV车型的中控门锁开关安装在_____及_____处。这两个开关都可以将所有的_____或_____。

3.比亚迪秦EV车型中控门锁当车速超过约_____时,所有车门将落锁;关闭车辆_____开关后或车辆挂_____挡后,所有车门_____解锁。

4.比亚迪秦EV车型中控门锁的功能是可以进行_____、_____和_____。

5.汽车智能无钥匙进入系统简称_____。

6.比亚迪秦EV配置有无钥匙进入及一键起动系统,即_____。驾驶人只需手持钥匙,在距离车门_____范围内向车内控制器作出指令,智能钥匙实现远程_____车门、_____和_____等操作。

7.探测系统是由_____个探测天线总成,车内_____个,车外_____个和_____个集成在控制器内的高频接收模块组成,探测车内有效范围及车外_____范围内。

8.以比亚迪秦EV为例,智能钥匙系统主要由_____、_____、_____、3个_____、_____室外天线、_____、_____等组成。

二、判断题

1.车身集成控制模块简称BCM。　　　　　　　　　　　　　　（　　）

2.车辆点火开关或挂N挡后,所有车门自动解锁。　　　　　　（　　）

3.当车速超过约30km/h时,所有车门将自动落锁。　　　　　　（　　）

4.按下左前车窗玻璃升降器开关组上的门锁总开关发送解锁/闭锁请求信号给 BCM，BCM 接收并处理开关信号，驱动相应的门锁电机解锁/闭锁。 （　　）

5.按下微动开关发送解锁/闭锁请求信号给 BCM，BCM 接收并处理开关信号，驱动相应的门锁电机解锁/闭锁。 （　　）

6.比亚迪秦 EV 车型中控门锁功能是可以进行中央控制、速度控制和集成控制。 （　　）

7.故障症状电子智能钥匙的所有遥控功能不工作(持有合法钥匙，且在遥控区域)的可疑部位电子智能钥匙、集成式车身控制器、线束或连接器。 （　　）

8.故障症状遥控功能正常，但操作右前门微动开关无动作(持有合法钥匙，且在探测区域)的可疑部位车后微动开关、车后探测天线、集成式车身控制器、线束或连接器。 （　　）

9.当起动开关信号传输至 keyless 系统时，一键起动开关上的绿色/黄色指示灯会告知驾驶人系统正常或系统存在异常情况。 （　　）

10.故障症状遥控功能正常，但操作左前门微动开关无动作(持有合法钥匙，且在探测区域)的可疑部位是左前门把手微动开关、左前门把手探测天线、集成式车身控制器、线束或连接器。 （　　）

11.智能钥匙，接收来自室外和室内天线的信号，并将射频信号传送给 keyless 系统。 （　　）

12.若仪表出现"检测不到钥匙"，只需拿钥匙靠近一键起动开关按钮旁，按下起动开关即可完成车辆上电。 （　　）

三、选择题

1.比亚迪秦 EV 车型中控门锁的功能包括(　　)。
　A.中央控制　　　　B.速度控制　　　　C.单独控制　　　　D.集成控制

2.比亚迪秦 EV 车型中控门锁当车速超过约(　　)时，所有车门将自动落锁。
　A.20km/h　　　　B.30km/h　　　　C.40km/h　　　　D.50km/h

3.端子号 G2E-34-车身地的端子表示(　　)。
　A.左前门锁电机闭锁驱动
　B.右前门锁电机闭锁驱动
　C.左后门锁电机闭锁驱动
　D.右后门锁电机开锁驱动

4.端子号 K2G-8-车身地的正常值为(　　)。
　A.1～14V　　　　B.1～15V　　　　C.2～14V　　　　D.2～15V

5.比亚迪秦 EV 配置有无钥匙进入及一键起动系统，驾驶人只需手持钥匙，在距离车门(　　)范围内有效。
　A.1.5m　　　　B.2m　　　　C.2.5m　　　　D.3m

6.探测系统由(　　)个探测天线总成。
　A.6　　　　B.7　　　　C.8　　　　D.9

7.以比亚迪秦 EV 为例，智能钥匙系统(　　)个室内天线、(　　)个室外天线。

A. 3,3   B. 4,4   C. 5,5   D. 6,6

8. 上电策略的条件中电压为( )为正常。

    A. 9 ~ 16V   B. 9 ~ 17V   C. 10 ~ 16V   D. 10 ~ 17V

9. DTC 故障码 B229D-16 代表的可能故障原因为( )。

    A. 集成式车身控制器

    B. 线束或连接器

    C. 内多功能(前部)探测天线

    D. 车内前部探测天线

充电系统故障诊断与排除

知识目标

(1)掌握交流(慢充)/直流(快充)充电系统的组成。

(2)掌握交流(慢充)/直流(快充)接口规范、测量及维护等。

(3)掌握交流(慢充)/直流(快充)充电系统的控制策略。

(4)掌握交流(慢充)/直流(快充)充电典型故障的诊断、检测过程及排除方法。

技能目标

(1)能正确使用工具套装进行交流/直流充电底座的拆装。

(2)能正确使用诊断仪读取交流充电系统数据流。

(3)能够配合实车说出交流/直流充电电流走向。

(4)能独立完成交流充电系统 CC/CP 故障诊断。

(5)能通过完成直流充电口线路故障检测,从而了解直流充电相关线束。

(6)能独立完成直流充电口温度传感器故障诊断。

素质目标

(1)认真严谨、积极主动,安全生产,文明施工。

(2)与小组成员、同学之间能合作交流,协调工作。

(3)获得分析问题和解决问题的基本方法。

(4)积极主动与小组成员交流、讨论学习成果,取长补短,完成自我提升。

▶ 学时:10 学时

任务 1 慢充不充电故障诊断与排除

任务描述

一辆比亚迪秦 EV 纯电动汽车,上车起动车辆,仪表"READY"灯正常点亮;下高压电并连接随车充电枪,仪表充电指示灯不亮,请求维修。你如何完成此项任务?需要掌握哪些汽车快慢充电系统的基础知识?

一、知识准备

(一)交流(慢充)充电系统

交流充电指电网输入给车辆的电压为交流电,可以是 AC 220V 单向电或 AC 380V 三相电。通过交流充电桩连接新能源汽车的交流充电口,并通过车载充电机(OBC)对交流电进行升压并转化为直流电,然后通过 OBC 内部的整流模块整流成符合该车辆所需要的电压对其动力蓄电池充电,该过程称为交流充电,也称为慢充。

交流充电的部件主要有车载充电机、交流充电插座(交流充电插座线束)、充电线、交流充电桩或 AC 220V 电源和车辆控制器(VCU、BMS)等。图 5-1 为各部件示意图。

a) 车载充电机

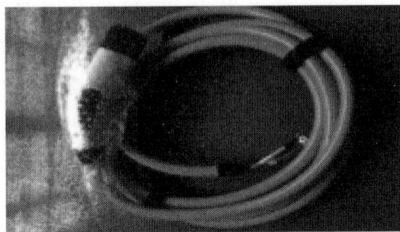

b) 充电线

c) 交流充电插座

d) 交流充电桩

图 5-1　交流充电的组成部件示意图

交流充电插座和车载充电机固定在车辆上,充电线随车配送,交流充电桩固定在停车场,各部件的作用如下:

（1）车载充电机是交流充电系统的关键部件，其根据控制指令把交流电转化为直流电给蓄电池充电。

（2）交流充电插座是国家标准件，是车辆连接外部电网的接口，其接口有 2 个信号回路、1 个接地回路、1 个零线回路和 3 个火线回路，一共有 7 个接口，根据输入的电压是 AC 220V 或 AC 380V，应用相应的火线接口。

（3）车辆控制器实时监控车辆的状态，并发出控制指令给车载充电机，使其正常工作或停止工作，控制其工作电流和电压等，是车辆充电的"控制大脑"。

（4）模式 2 充电线是连接外部电网和车辆的充电线，直接给车载充电机提供 AC 220V 电源。其线缆上的功能盒可检测车辆和电网状态，连接或断开给车辆的供电，具有一定的保护功能。根据标准要求，其输入的充电电流限制在 13A 以内，输入电压为 220V 的交流电压，所以采用模式 2 的充电线充电时，车载充电机的输入最大功率为 2860W，即充电时间会延长。

（5）交流充电桩也是车辆连接外部电网的部件，直接给车载充电机提供 AC 220V 或 AC 380V 电源，其也具有检测车辆和电网状态、连接或断开给车辆供电的功能。充电桩的供电电压有 AC 220V 和 AC 380V，根据充电桩的输出功率而定。根据标准要求，如交流充电桩的输出电流大于 32A，供电电压必须采用 AC 380V。因此，采用交流充电桩充电时，充电功率较大，即充电时间会缩短。

（二）交流（慢充）充电口

1. 交流充电口

充电接口是指用于连接活动电缆和新能源汽车的充电部件，它由充电插座和充电插头两部分组成，是传导式充电机的必备设备，充电插头在充电过程中与充电插座进行结构耦合，从而实现电能的传输。《电动汽车传导充电用连接装置 第 2 部分：交流充电接口》（GB/T 20234.2—2015）对交流充电接口作出了规范。交流充电接口如图 5-2 所示，针脚说明见图注。

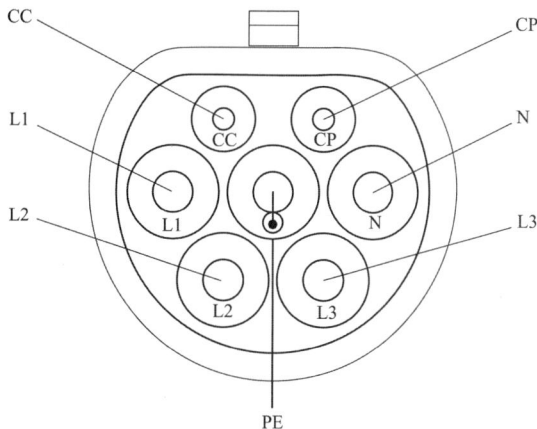

图 5-2 交流充电接口针脚

L1-交流电源（单相）；L2-交流电源（三相）空；L3-交流电源（三相）空；N-中性线；PE-保护接地，连接供电设备地线和车辆电平台；CC-充电连接确认；CP-控制导引

2. 交流充电口的测量

（1）交流充电口端子测量温馨提示：当充电桩功率低于7kW时，交流电通过双向逆变充放电技术（VTOG）中的车载充电器（OBC）对动力蓄电池进行充电；当充电桩功率高于7kW的时候，交流电直接通过双向逆变充放电技术（VTOG）对动力蓄电池进行充电。交流充电口端子测量结果见表5-1。

交流充电口端子测量结果 表5-1

CC 与 PE 阻值				
3.3kW 及以下充电盒	680Ω	VTOL（预留）	2kΩ
7kW 及以下充电盒	220Ω	VTOL（预留）	100Ω
40kW 及以下充电盒	100Ω	—	—

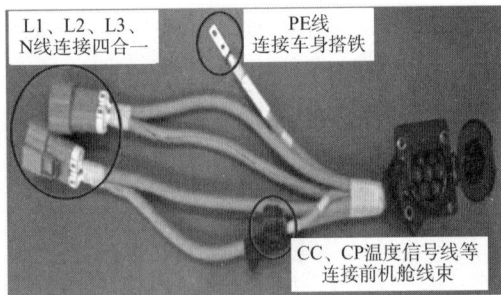

图 5-3　交流充电高压线束

（2）交流充电系统线束连接交流充电口到高压电控总成之间的线束，如图5-3所示。

（3）交流充电口维护。

充电口作为传导充电方式一定存在磨损老化问题，需要加入维护范围，具体项目如下：

①将车辆熄火，整车解锁，打开充电口舱盖及充电口盖；

②目视检查充电口塑料绝缘壳体外观有无热熔变形，有严重热熔变形影响正常使用的需要更换处理；

③目视检查充电口内部以及端子内部有无异物，有异物的需要使用高压气枪排出异物，无法排出且影响正常使用的需更换处理；

④目视检查充电口端子簧片及底部有无变黑，变黑的需要更换处理；

⑤目视检查充电口端子簧片及底部有无变黄，如变黄请打开后背门，打开左后侧检修口排查充电口尾部电缆是否烧黑及变形（需辅助照明仔细观察），如变黄且伴随尾部电缆外层变黑则满更换处理；

⑥目视检查端子簧片有无断裂，断裂的需要更换处理；

⑦超过质保期的充电口需自费更换（不更换的需告知使用安全隐患以及连带充电枪损失）。

（三）交流（慢充）充电控制策略

1. 交流充电过程

慢充充电过程如图5-4所示，将交流充电枪插入交流充电口，OBC的低压插件输出12V电源到交流充电口，交流充电枪端的CC与PE的电阻通过充电口处的12V电源，OBC会接收到电流大小变化即可知道充电枪的充电功率和充电电流。OBC的数据通过充配电总成的动力CAN与网关控制器进行交互，车身配电模块控制IG3继电器吸合，BMC、VCU、电机控制器等模块得到双路电,BMC 将蓄电池当前状态通过动力 CAN 与充配电总成做信息交互,OBC 输出一个占空比信号,从交流充电枪进来的交流电通过 OBC 进行升压整流后给动力蓄电池充电。

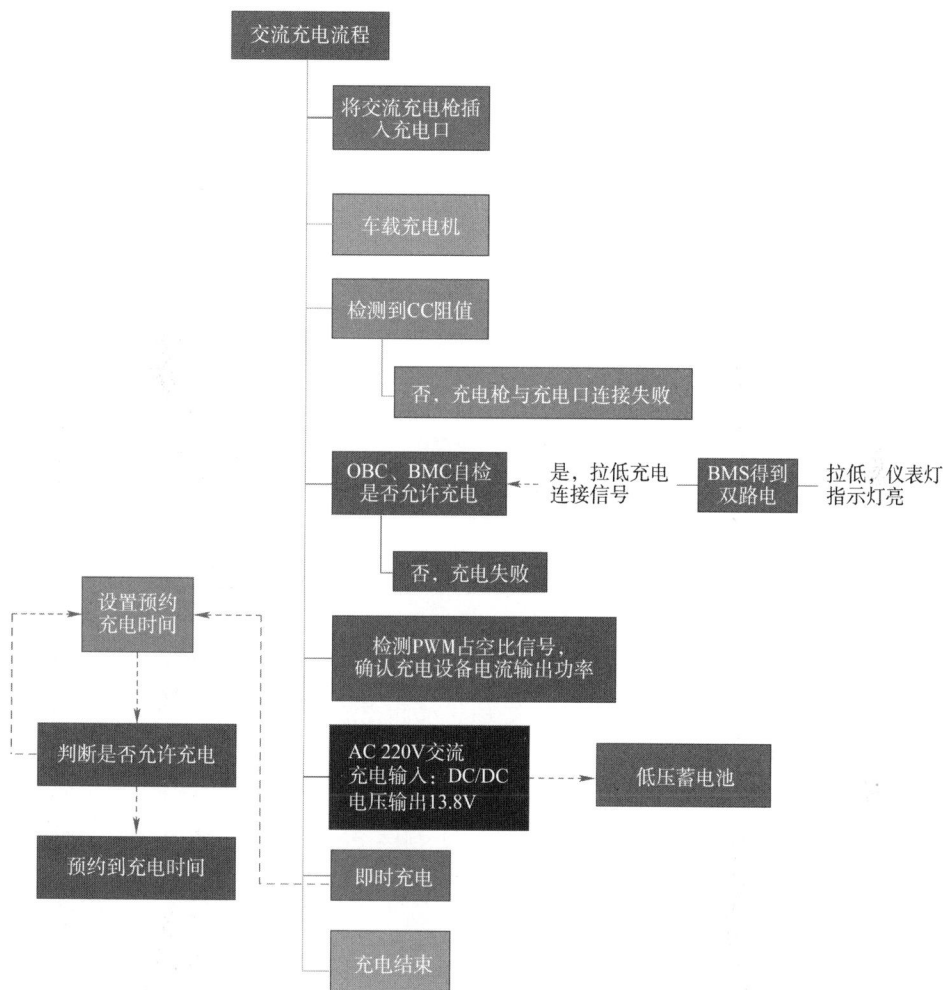

图 5-4 慢充充电过程

2. 交流充电 CC/CP 控制策略

根据标准要求,CC 信号是充电插头和充电插座是否连接的判断信号,同时车辆根据 CC 的信号值,判断 RC 阻值,确定线束的容量。CP 信号是判断供电设备的供电能力,通过 PWM 值确定。电气原理图中的各电阻值和 PWM 值都必须满足标准要求,且控制器必须按照标准进行判断,以满足车辆在市场上的充电需求。交流充电系统是纯电动汽车的核心,动力蓄电池的充电过程由 BMS 进行控制及保护。车载充电机工作状态及指令均由 BMS 发出的指令进行控制,包括工作模式指令、动力蓄电池允许最大电压、充电允许最大电流、加热状态电流值。交流充电系统原理示意图如图 5-5 所示。

交流充电 CP
信号故障检测

交流充电 CC
信号故障检测

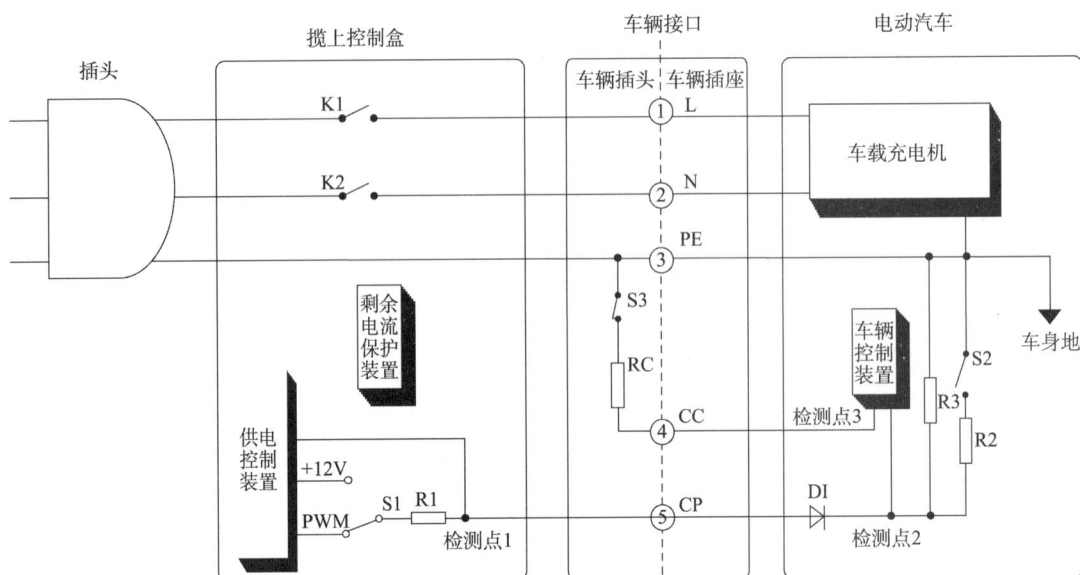

图 5-5　交流充电系统原理示意图

（1）充电 CC/CP 控制逻辑"OFF"挡时，当充电枪插入后，CC 检测由悬空变为接地，通过检测点 3 与 PE 间的电阻来判断车辆插头与车辆插座连接状态，确认当前充电连接装置（电缆）的额定容量并点亮充电连接指示灯。通过测量检测点 2 的 PWM 信号占空比确认当前供电设备的最大供电电流，当车辆检测到充电枪输出占空比时，允许车辆充电。

（2）当车辆处于交流充电模式下，车载充电机检测交流充电接口的 CC、CP 信号（充电枪插入、导通信号）并唤醒 BMS，BMS 唤醒车载充电机并发送指令充电，同时闭合主继电器，动力蓄电池开始充电。

（3）CC 检测通过对接入电路（接地）的检测来判断 CC 是否连接，如检测到压降则认为 CC 已经连接。CC 信号判断充电枪电缆规格允许充电电流。参照表 5-2 中 CC 信号数据。

CC 信号判定数据表　　　　　　　　　　　　　　　　　　表 5-2

电阻	对应的充电电缆允许充电电流	备注
$1.4 \sim 1.6 \text{k}\Omega$	10A	随车充电器
$580 \sim 780\Omega$	16A	3.3kW 充电桩
$180 \sim 260\Omega$	32A	7kW 充电桩
$60 \sim 140\Omega$	63A	三相交流充电桩
$2\text{k}\Omega$	放电功能	放电功率 3.3kW

（4）CP 检测当充电枪成功连接后，CP 信号为占空比信号，通过 CP 检测线传入的信号，可以得出该充电机允许的最大 AC 输入电流。CP 信号判断充电枪最大输出电流，见表 5-3。

CP信号判定数据表 表5-3

PWM	占空比 D 最大允许电流 I_{max} （A）
$D < 3\%$	不允许充电
$3\% \leqslant D < 7\%$	5%的占空比表示需要数字通信，且需要充电
$7\% < D < 8\%$	不允许充电
$8\% \leqslant D < 10\%$	$I_{max} = 6$
$10\% \leqslant D < 85\%$	$I_{max} = (D \cdot 100) \cdot 0.6$
$85\% \leqslant D < 90\%$	$I_{max} = (D \cdot 100 - 64) \cdot 2.5$ 且 $I_{max} \leqslant 63$
$90\% \leqslant D < 97\%$	预留
$D > 97\%$	—

在整个充电过程的开始，车辆和交流充电桩（或充电线）都会先判断充电接口是否连接完好，判断后车辆才会选择是否启动充电，所以客户必须插枪到位，这也是为了保证充电安全。在使用上，客户只需插枪，无须执行其他操作，车辆随即进入充电模式，开始充电，提高了客户使用的便利性。在实际使用中，如果车辆在充电过程，当电网没有电时，车辆会自动进入休眠状态，以减少自身的能耗；当有来电时，车辆也会自动唤醒，并检测车辆状态，如车辆未满电时会继续充电，如已满电，会停止充电并进入休眠，减少能量消耗。交流充电电流相对较小，有利于延长蓄电池的使用寿命，且不易过热和发生故障。直流充电虽然能更快地完成充电，但对车辆蓄电池的损伤较大，也易发生过热，从而起火，因此，建议车辆多采用交流充电模式，可有效延长蓄电池寿命和减少事故发生。

3.交流模式（慢充）的充电条件

（1）充电线连接确认信号正常；

（2）充电机供电电源正常（含220V和12V），充电机工作正常；

（3）充电唤醒信号输出正常（12V）；

（4）充电机、VCU、BMS之间通信正常（主继电器闭合、发送电流强度需求）；

（5）动力蓄电池电芯温度高于0℃/低45℃；

（6）单体蓄电池最高电压与最低电压差小于300mV；

（7）单体蓄电池最高温度与最低温度差小于15℃；

（8）绝缘性能大于500Ω/V；

（9）实际单体最高电压不大于额定单体电压0.4V；

（10）高、低压电路连接正常，远程控制开关关闭状态；

（11）提示：交流充电设备用电功率不能超过家庭电网的负载上限，避免引起电网损坏或烧毁。

（四）交流（慢充）系统常见故障排除

1.车辆不能正常充电原因

车辆不能正常充电的原因主要有四个：车辆外部设备故障、车辆充电控制系统故障、蓄电池自身故障以及通信故障。

（1）车辆外部设备故障：车辆充电时需要利用外部设备进行充电。充电的方式有两大类：充电桩充电和家用220V充电。采用充电柱充电，充电异常则可能是充电桩及线路故障，具体故障点包括充电桩自身故障、充电连接线故障、充电枪故障；采用家用220V充电，充电异常主要故障点则包括充电插座故障、充电连接线故障、充电枪故障等。

（2）车辆充电控制系统故障：结合仪表故障现象，如果外部充电设备正常，此时说明车辆控制系统出现故障，如充电确认控制信号CP故障，OBC不能检测到充电枪输出的占空比信号，无法判断充电枪电流大小，故仪表正常充电，仪表不能显示充电电流。

（3）蓄电池自身故障：蓄电池是电能的载体，充电的过程就是将电能转化为化学能。当蓄电池自身发生故障时，也会发生充电异常现象。故障的主要原因可能是BMS故障、接口故障、内部传感器故障或者蓄电池自身的硬件故障等，这时需要对蓄电池进行进一步的检查。

（4）通信故障：比亚迪秦EV通信原理图如图5-6所示，汽车上各模块之间通过车载CAN网络进行通信，当蓄电池管理器与车载充电机等其他部件发生通信故障时，会发生不能上高压电、充电异常等异常现象。故障的主要原因可能是BMS与车载充电机之间CAN线路断路。

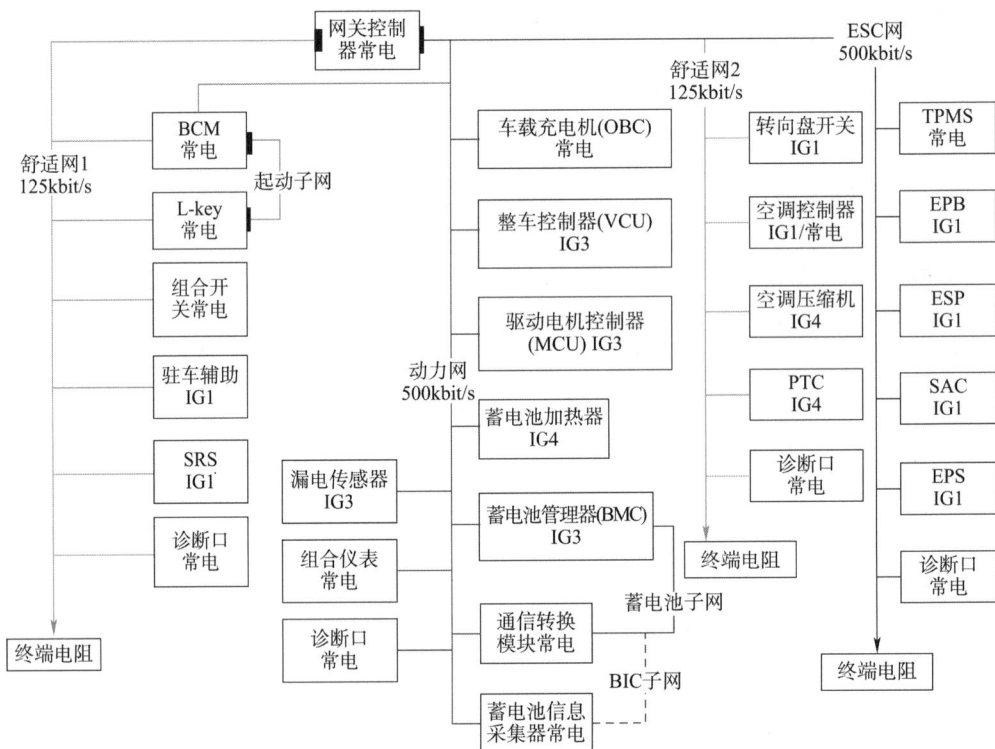

图 5-6　比亚迪秦 EV 通信原理图

2. 交流（慢充）充电系统常见故障检修方法

交流（慢充）充电系统常见故障检修方法见表5-4。

交流(慢充)充电系统常见故障检修方法　　　　　　　　　表5-4

序号	常见故障	检修方法
1	车辆仪表充电指示灯不亮	(1)检查充电枪端的CC与PE的电阻,标准值有:1.5kΩ、680Ω、220Ω、100Ω; (2)若充电枪端的电阻正常,则检查充电口的CC与PE的电压,标准值12V; (3)若不正常,则检查充配电总成的常电
2	充电时充电桩跳闸	(1)检查交流充电桩上游的漏电开关的载流大小; (2)若漏电开关的载流正常,则检查充电桩内部是否有短路
3	充电指示灯亮,但不充电	(1)检查充电枪端的CP与PE的电压是否正常,标准值12V(未插枪); (2)插枪后测量充电口端的CP与PE的电压是否有下降,若没有则检查CP线束是否断路
4	交流充电跳枪在交流充电过程中跳枪,等待一段时间后又可以继续充电	检查交流充电口端的温度传感器的阻值是否变小,标准值为2kΩ

3.慢充系统常见故障排除

1)常见故障

(1)充电桩显示车辆未连接。充电桩显示车辆未连接的主要原因有充电枪安装不到位、车辆与充电桩两端枪反接。

(2)动力蓄电池继电器未闭合。动力蓄电池继电器未闭合的主要原因有插件是否正常连接、车载充电机输出唤醒是否正常。

(3)动力蓄电池继电器正常闭合,但充电机无输出电流主要原因有车端充电枪是否连接到位、高压熔断丝是否熔断、高压插接器及线缆是否正确连接。

2)故障排除思路

(1)线路连接情况。检查慢充桩——充电线、慢充口、慢充线束、车载充电机、高压控制盒、动力蓄电池之间的线路连接是否良好。

(2)检查低压供电及唤醒信号是否正常。检查车载充电机指示灯状态,如三个灯都不亮,表示没有电源输入,分别检查线路熔断丝、充电线、慢充口、慢充线束是否正常,若正常,更换车载充电机;检查车载充电机的1V电源及慢充唤醒信号是否正常,高压控制盒内的车载充电机熔断器是否损坏,动力蓄电池1V唤醒信号是否正常,整车控制器、动力蓄电池等部件的新能源CAN总线是否正常;动力蓄电池低压控制端接地及整车控制器控制接地是否正常。

(3)检查高压电路是否正常。如果低压电路正常,充电仍无法完成,须逐步检查充电线、慢充线束、车载充电机、高压控制盒、动力蓄电池之间的高压电是否正常,是线束故障还是部件故障。

(4)使用故障诊断仪检查。使用故障诊断仪分别检查动力蓄电池及操作充电机的工作状态,对数据进行分析,找出故障所在。

二、任务实施

(一)工作准备

(1)实训开始前,提前准备好需要使用的个人防护用品,并检查是否符合使用要求。

(2)实训开始前,提前做好场地防护,设置警告标识,操作位置布置好绝缘防护措施。

(3)检查实训场地和设备设施是否清洁及存在安全隐患,配电箱、排查是否符合用电需求,如不正常请向教师汇报并进行处理。

(4)记录车辆铭牌信息,做好检测结果记录。

(5)实训结束后,必须清理场地和设备,撤除警示标识。

所用设备及工具参见表5-5。

设备及工具清点表   表5-5

序号	设备及工具名称	数量	序号	设备及工具名称	数量
1	比亚迪秦 EV 整车	1 台	5	工位防护套数	1 套
2	道通 MS908E 汽车故障诊断仪	1 套	6	随车充电器	1 套
3	数字式万用表	1 套	7	个人防护套装	2 套
4	万用接线盒	1 套			

(二)实施过程

1. 工作任务

一辆比亚迪秦 EV 纯电动汽车,上车起动车辆,仪表"READY"指示灯正常点亮。下高压电并连接随车充电枪,仪表充电指示灯不亮的故障,请求依照前面知识准备内容的学习,完成此车故障的诊断与检修任务。

比亚迪仪表充电
指示灯断路故障
排除案例

2. 故障原因分析

车辆充电异常是指新能源汽车正确连接充电枪或充电桩后不能正确对车辆进行充电。

车辆充电异常故障现象可以分为三类:

(1)连接充电枪后仪表充电指示灯不亮。

(2)连接充电枪后仪表充电指示灯点亮,但是不能显示充电电流、充电功率及时间,即不能正常充电。

(3)充电过程跳枪等。

分析故障现象,充电指示灯不能正常点亮,说明充电连接信号不正常,可能原因有充电枪故障以及车辆充电系统故障。

3. 故障诊断

步骤1：打开充电口盖，检查交流充电口是否有异物及烧蚀现象；打开机舱盖检查充电高压线束是否正常；检查充电枪外观是否完好。

步骤2：连接解码仪读取故障码数据流，检查有无故障码及充电连接状态是否正常，充电连接装置连接状态为未连接，异常。图5-7为充电连接装置连接状态图。

步骤3：使用万用表电压挡测量充电座CC与PE之间的电压值，测量值为0V，标准值为12V，异常。图5-8所示为测量充电座CC与PE之间的电压值。

图5-7　充电连接装置连接状态

图5-8　测量充电座CC与PE之间的电压值

步骤4：使用万用表电阻挡测量交流充电枪端CC与PE的电阻值，测量值正常（便捷式交流充电枪标准值为1.5kΩ，7kW的交流充电桩标准值为220Ω）。图5-9所示为测量7kW交流充电桩充电枪CC与PE之间电阻值。

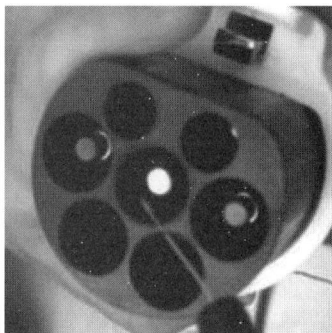

图5-9　测量7kW交流充电桩充电枪CC与PE之间电阻值

步骤5：根据交流充电的电气原理图（图5-10），使用万用表电压挡测量充配电端子电压，测量值为12V，标准值为12V，正常。

步骤6：查看电气原理图，找到充电连接确认CC端子BK46-4与充电口CC端子KB53（B）-2，使用万用表测量线路通断，测量值为无穷大，确定充电连接线束断路。

恢复线路，插上充电枪，车辆仪表显示正确充电信息，故障排除。

4. 现场6S整理

进行现场6S整理。

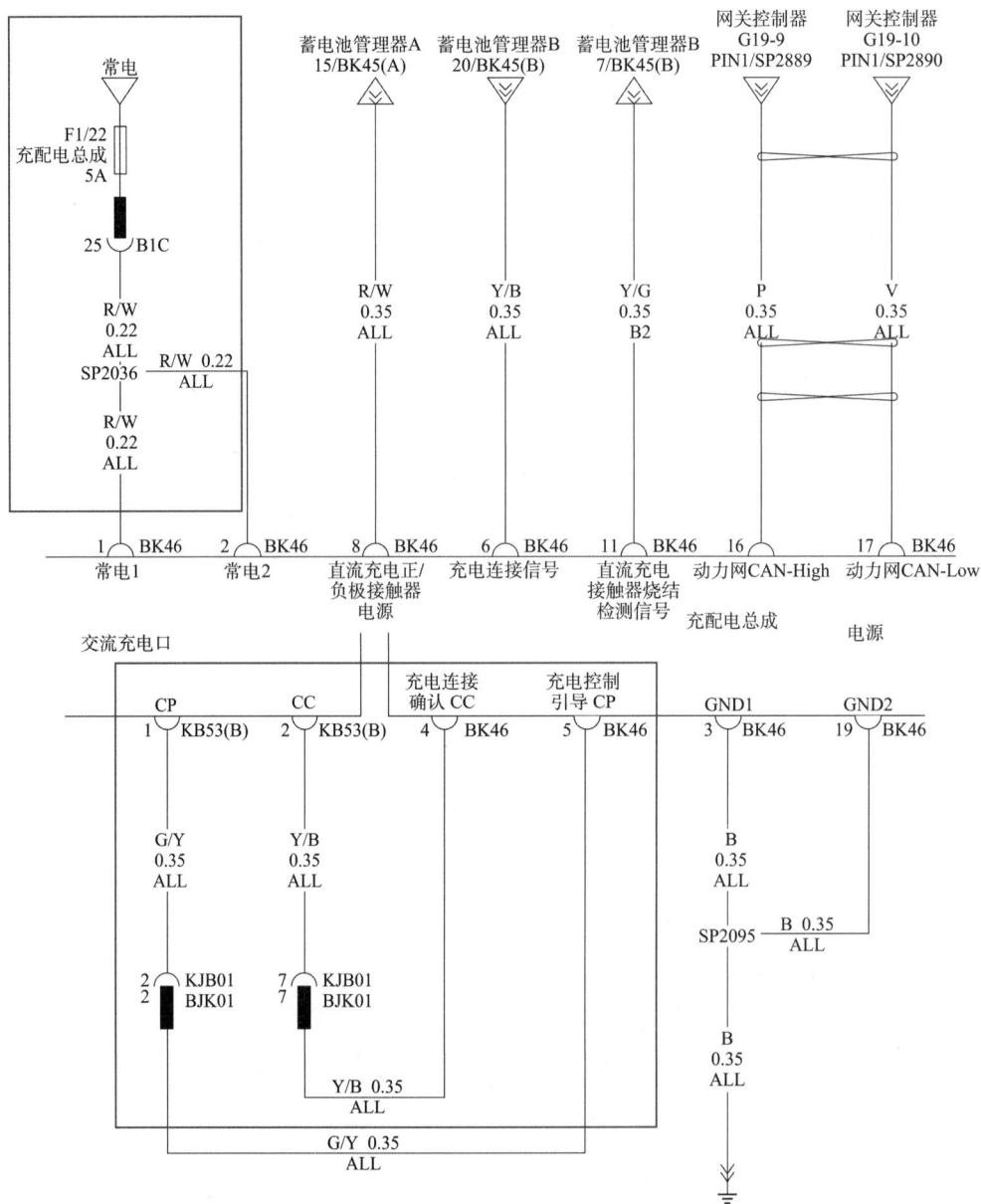

图 5-10　交流充电的电气原理图

任务 2　快充不充电的故障诊断与排除

任务描述

小王因有急事,拿起钥匙下了楼,看到汽车只有 40% 的剩余电量,于是赶快将车开到就近的充电桩进行快充,结果却无法完成充电,小王又重复操作了几次,均存在同样的问题,于是将车开往离他 3km 的 4S 店进行维修。请在学习交流充电系统的组成、控制策略、电流走向等基础知识前提下,掌握直流充电系统 CC 信号故障检测、直流充电系统 CP 信号故障检测、直流充电系统常见故障的诊断方法,完成快充故障的检修,进而排除故障。

一、知识准备

(一)直流(快充)充电系统概述

直流充电是指使用直流充电设备直接给新能源汽车的动力蓄电池补充能量的方式。直流充电桩输出 DC 500V 的直流电,通过充配电总成的直流充电正负极接触器后给动力蓄电池充电。在直流充电模式下,充电系统主要由供电设备(直流充电桩)、直流充电接口、直流充电高压线束、充配电总成(以比亚迪秦 EV 为例称为充配电总成,其他车型如吉利 EV450 称为车载分线盒,不同车型集成程度不同)、蓄动力电池等组成。

1. 直流充电桩

直流充电桩功能类似于加油站里面的加油机,直流桩的输入端与交流电网 380V 三相电直接连接,内部直接将高压交流电转化为高压直流电,输出端装有充电枪用于连接直流充电口。图 5-11 所示是直流充电桩外观。

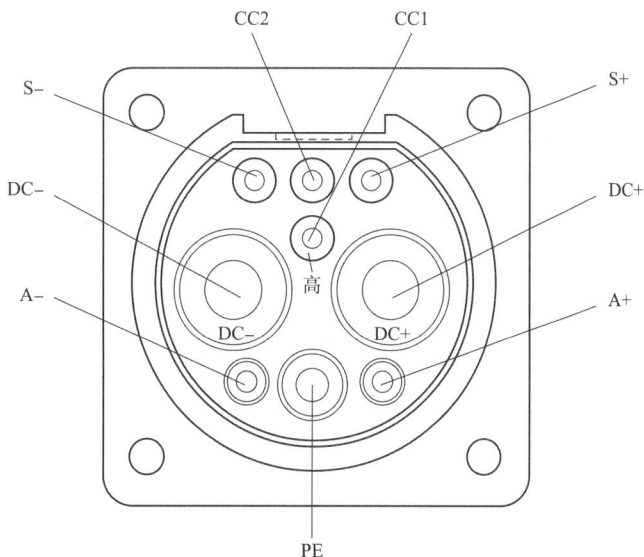

2. 直流充电口

直流充电口通过直流充电柜的直流充电口将高压直流电供给动力蓄电池充电,如图 5-12 所示。

图 5-11　直流充电桩　　　　图 5-12　直流充电口结构图

DC－:高压输出负极,经过高压控制盒快充负继电器,输出到动力蓄电池高压负极。

DC+:高压输出正极,经过高压控制盒快充正继电器,输出到动力蓄电池高压正极。

PE(GND):车身搭铁,接车身。

A-:低压辅助电源负极,接蓄电池负极。

A+:低压辅助电源正极,为12V快充唤醒信号。

CC1:直流连接确认线,属内部电路,CC1与PE之间有一个1000Ω的电阻。

CC2:直流连接确认线。

S+:直流CAN-High,与BMS及数据采集终端通信。

S-:直流CAN-Low,与BMS及数据采集终端通信。

3.直流高压电缆

连接直流充电口到高压电控总成之间的线束即快充线束。如图5-13所示。快充线束一端连接车辆的快充口,另一端分成三支线束,分别接高压控制盒的高压线束和整车低压线束,接车身搭铁点的搭铁线束。

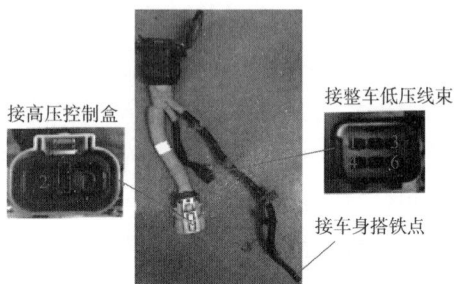

图5-13 直流充电高压线束

(1)接高压控制盒。

1脚:高压输出负极DC-。

2脚:高压输出正极DC+。

中间为互锁端子。

(2)接整车低压线束插件。

1脚:低压辅助电源负极A-。

2脚:低压辅助电源正极A+。

3脚:快充连接确认线CC2。

4脚:快充CAN-High信号S+。

5脚:快充CAN-Low信号S-。

6脚:空。

(3)PE(GND)车身搭铁点。

4.充配电总成

以比亚迪秦EV为例,在充配电总成中有直流烧结检测模块、直流充电正负极接触器,如图5-14所示。其中,直流充电口中的DC+和DC-之间安装有2kΩ热敏式温度传感器,当充电口的温度传感器的阻值变小时,充配电总成通过动力CAN与蓄电池管理器进行通信,减小直流充电口的充电电流,直到充电口温度降至正常范围内。若充电口温度持续上升,BMC控制充配电总成中的直流充电正负极接触器断开,停止给动力蓄电池充电,避免充电过程中,充电口的温度过高导致充电口熔化,造成安全隐患,保证车辆充电安全。

(二)直流充电工作原理

直流充电时,在动力蓄电池的两端加载直流电压,以恒定大电流对蓄电池充电,蓄电池的电压渐渐地缓慢地上升,上升到一定程度后,蓄电池电压达到标称值,SOC在88%时(针对不同蓄电池,不同主机厂的控制策略不一样)以上转为恒压充电,此时会降低充电电流,直到直流充电桩输出的电流小于5A时,直流充电桩停止给新能源汽车充电。图5-15是新能源汽车直流充电工作原理图。直流充电桩和纯电动汽车二者通过车辆直流充电口相连。S开关是一个常闭开关,与直流充电枪头上的按键(机械锁)相关联,当按下充电枪头上的按键,S开关即打开。而U1、U2是一个12V上拉电压,R1~R5是阻值约为1000Ω的电阻,R1、R2、R3在充电枪上,R4、R5在车辆插座上。快速充电系统的工作过程如图5-16所示。

图 5-14 比亚迪秦 EV 车型直流充电系统

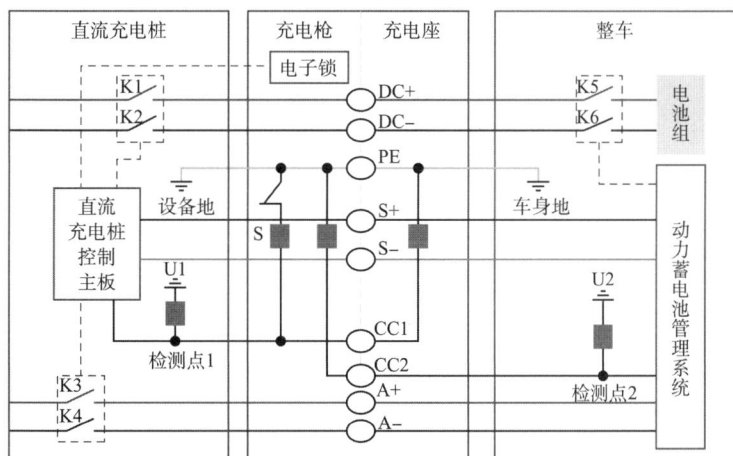

图 5-15 新能源汽车直流充电工作原理图

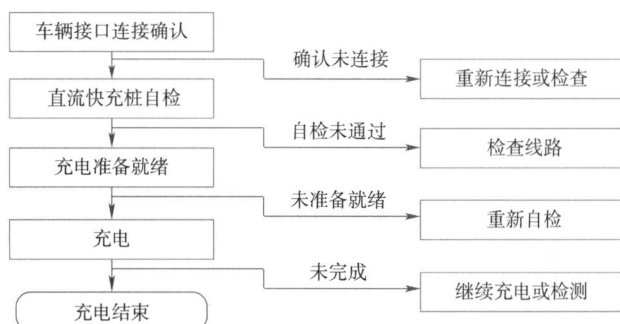

图 5-16 快速充电系统的工作过程

（1）车辆充电口连接确认阶段：当按下枪头按键，将直流充电枪插入直流充电口内，再放开枪头按键。充电桩的检测点 1 将检测到 12V→6V→4V 的电压变化。一旦检测到 4V 电压、充电桩将判断充电枪插入成功，车辆接口完全连接，并将充电枪中的电子锁进行锁定，防止枪头脱落。图 5-17 所示是车辆仪表显示直流充电连接成功提示。

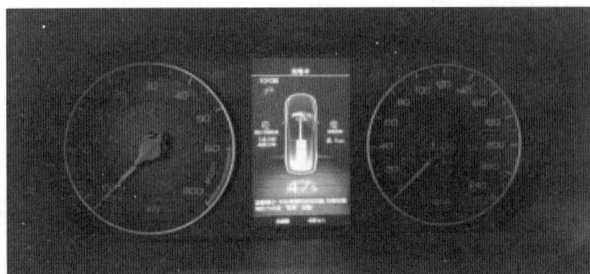

图 5-17　直流充电连接成功

（2）直流充电桩自检阶段：如图 5-15 所示，在车辆接口完全连接后，充电桩将闭合 K3、K4，使低压辅助供电回路导通，为新能源汽车控制装置供电（有的车辆不需要供电），车辆得到供电后，将根据监测点 2 的电压判断车辆接口是否连接，若电压值为 6V，则车辆装置开始周期发送通信握手报文。接着闭合 K1、K2，进行绝缘检测，即检测 DC 线路的绝缘性能，保证后续充电过程的安全性。绝缘检测结束后，将投入泄放回路泄放能量，并断开 K1、K2，同时开始周期发送通信握手报文。

（3）充电准备就绪阶段：是新能源汽车与直流充电桩相互配置的阶段，车辆控制 K5、K6闭合，使充电回路导通，充电桩检测到车辆端蓄电池电压正常（电压应在通信报文描述的蓄电池电压误差不大于 ±5%，并且在充电桩输出最大、最小电压的范围内）后闭合 K1、K2，直流充电线路导通，新能源汽车就准备开始充电。

（4）充电阶段：在充电阶段，车辆向直流充电桩实时发送蓄电池充电需求的参数，充电桩会根据该参数实时调整充电电压和电流，并相互发送各自的状态信息（如充电桩输出电压电流、车辆蓄电池电压电流、SOC 等）。

（5）车辆充电结束：车辆会根据 BMS 是否达到充满状态或是受到充电桩发来的"充电桩中止充电报文"来判断是否结束充电。满足上述充电结束条件，车辆会发送"车辆中止充电报文"，在确认充电电流小于 5A 后断开 K5、K6。

（6）充电桩停止充电：充电桩在达到操作人员设定的充电结束条件，或者收到汽车发来的"车辆中止充电报文"时，会发送"充电桩中止充电报文"，并控制充电桩停止充电，在确认充电电流小于 5A 后断开 K1、K2，再次投入泄放电路，然后再断开 K3、K4。

(三) 直流(快充)系统充电条件

结合动力蓄电池相关知识以及快充原理图可以得出，快充系统完成正常充电需要满足以下条件：

（1）充电连接确认信号 CC1、CC2 正常。

（2）BMS 供电电源 12V 正常。

（3）充电唤醒信号 12V 输出正常。

（4）充电桩、整车控制器、BMS 之间通信正常。

（5）动力蓄电池电芯温度为 5～45℃。

（6）单体蓄电池最高电压与最低电压差小于 300mV。

（7）单体蓄电池最高温度与最低温度差小于 15℃。

（8）绝缘性能大于 500Ω/V。

（9）实际单体最高电压不大于额定单体电压 0.4V。

（10）高、低压电路连接正常（远程开关关闭状态）。

（四）直流充电系统线束检测过程

1. 检查直流充电口总成高压线束

（1）拔出直流充电口总成的高压接插件，如图 5-18 所示。

（2）测试正负极电缆是否导通，如图 5-19 所示。

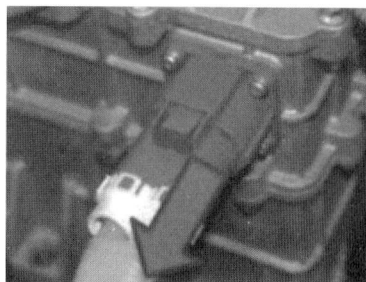

图 5-18　拔出高压接插件

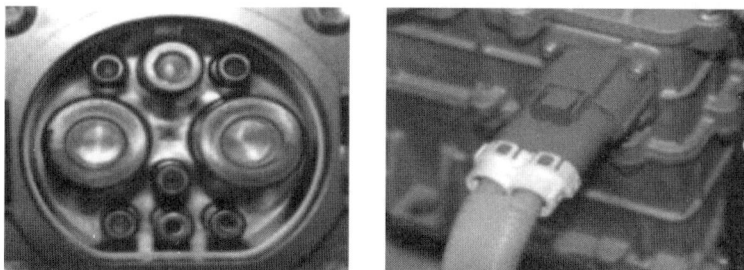

图 5-19　测试正负极电缆的导通性

以上测试情况正常，则进行下步检查；如果测试情况不正常，则更换直流充电口。

2. 检查直流充电口总成低压线束

（1）将起动开关置于"OFF"位置。

（2）拔出蓄电池管理器低压接插件 BMC02。

（3）用万用表检查蓄电池管理器接插件 BMC02 与充电口端子的标准电阻值。测量位置和标准电阻见表 5-6。

测量位置及对应的标准电阻值　　　　表 5-6

测量位置	标准电阻值
BMC02－04（B04）～CC2（直流充电感应信号）	小于 1Ω
BMC02－14（B14）～S＋（CAN-High）	小于 1Ω
BMC02－20（B20）～S－（CAN-Low）	小于 1Ω
1（A1）～A－（低压辅助电源负）	小于 1Ω
2（A2）～A＋（低压辅助电源正）	小于 1Ω
CC1～车身地	（1000±30）Ω

如表 5-6 所示，以上测量结果正常，则进行下步检查；如果测量结果不正常，则更换直流充电口总成低压线束。

(五) 直流充电系统常见的故障与检修

1. 常见故障

（1）充电桩显示车辆未连接，检查直流充电口端 CC1 端与 PE 端是否有 1kΩ 电阻；检查直流充电口的簧片是否断裂。

（2）充电枪连接成功但未唤醒 BCM，检查直流充电枪输出 A +、A − 辅助电源是否正常；若不正常，则检查直流充电桩内部的开关电源是否工作。

（3）动力蓄电池接触器吸合，但无输出电流，检查直流充电桩与动力蓄电池的充电协议是否匹配。

（4）充电桩与车辆通信超时，检查充电枪端的 S +、S − 之间的电阻，正常值为 120Ω，若不正常，则拆检直流充电枪，更换内部的碳膜电阻即可。检查直流充电口端的 S +、S − 之间的电阻，正常值为 120Ω，若不正常，则拆检充电口，更换内部的碳膜电阻即可。

（5）直流充电跳枪在直流充电过程中跳枪，等待一段时间后又可以继续充电，检查直流充电口端的温度传感器的阻值是否变小，标准值 2kΩ。

（6）DC/DC 转换器不工作在直流充电过程中，突然跳枪后无法充电，检查低压蓄电池的电压，若低于 9.8V，则检查 DC-DC 是否不工作。

2. 故障排除思路

排除"快充桩与车辆无法通信"故障，首先检查线路连接情况，然后检查快充系统各部件低压辅助电源、连接确认信号、快充 CAN 线路等的针脚情况以及电压、电阻等是否符合要求。排除"快充桩与车辆通信正常但无充电流"故障时，显然没有了低压通信的问题，应检查高压供电线路的熔断丝、线束、继电器等有无问题，检查动力蓄电池与高压控制盒连接插件的电压，检查 BMS 快充唤醒信号是否正常，检查高压控制盒快充连接端子电压是否正常，有电压则联系动力蓄电池厂家对动力蓄电池进行售后检测，无电压则更换高压控制盒。

3. "快充桩与车辆无法通信"的故障排除

以某电动汽车为例，检修"快充桩与车辆无法通信"的故障方法如下：

（1）检查快充桩与快充口连接是否良好。检查车辆快充口各连接端子有无损坏；快充口和快充枪有无烧蚀和锈蚀现象；快充口 PE 端与车身搭铁是否导通（标准阻值为 0.5Ω 以下）；快充口 CC1 与 PE 之间的阻值是否符合要求，阻值应为 (1000 ± 50)Ω。

（2）检测充电唤醒信号是否正常。如未唤醒可能是唤醒线路熔断丝 FB27 损坏、快充口及快充线束损坏、低压电器盒损坏，应逐步检查熔断丝电阻、熔断丝电压（12V）；快充口 A +与快充线束 A +、低压电器盒 A5 是否导通，如不导通，更换或维修。

（3）检查车辆端连接确认信号是否正常。如快充唤醒信号及相关线束都正常，车辆仍旧不能通信连接，则对车辆端连接确认信号进行检测，可能是快充口及快充线束损坏、整车控制器针脚损坏、动力蓄电池低压控制插件损坏，应逐步检查快充口 CC2 与快充线束 CC2、整

车载充电机
检测案例

车控制器插件 17 针是否导通,检查快充口 S－与快充线束整车低压线束插件 S－是否导通;检查快充口 S＋与快充线束整车低压线束插件 S＋是否导通;如不导通,应更换或维修;检查快充线束 S＋与 S－之间的阻值应为(60±5)Ω;检查快充线束整车低压线束插件 S－与动力蓄电池低压插件 T 针及数据采集终端插件 2 针是否导通,阻值应小于 0.5Ω;检查快充线束整车低压线束插件 S＋与动力蓄电池低压插件 S 针及数据采集终端插件 1 针是否导通,阻值应小于 0.5Ω;断开快充线束与终端和动力蓄电池低压插件,检查快充线束整车低压线束插件 S＋与 S－之间的阻值应为无穷大,分别检查动力蓄电池和数据采集终端快充 CAN 总线间的电阻,应该都为 120Ω,若不是,应更换或维修;检查快充线束整车低压线束插件 A－与车身搭铁是否导通,若不导通,应更换或维修。

二、任务实施

(一)工作准备

(1)实训开始前,提前准备好需要使用的个人防护用品,并检查是否符合使用标准。

(2)实训开始前,提前做好场地防护,设置警告标识,操作位置布置好绝缘防护措施。

(3)在工位出口处设置高压安全警示牌,提醒周边人员工位正在进行高压电气维修。

(4)禁止在带电状态下触碰任何带安全警示标志的部件。

(5)禁止徒手触摸所有橙色的线束。

(6)检查实训场地和设备设施是否清洁及存在安全隐患,配电箱、排查是否符合用电需求,如不正常请向教师汇报并进行处理。

(7)记录车辆铭牌信息,做好检测结果记录。

(8)断开高压母线以后注意验电,避免线束漏电造成电击危险。

(9)实训结束后,必须清理场地和设备,撤除警示标识。

所需设备及工具见表 5-7。

设备及工具清点表　　　　　　　　表 5-7

名称	数量	清点	名称	数量	清点
数字式万用表	1	□清点	耐磨手套	1	□清点
比亚迪秦 EV 整车	1	□清点	万用接线盒	1	□清点
绝缘手套	1	□清点	一体化量工具	1	□清点

(二)实施过程

1.工作任务

小王因急事,拿起钥匙下了楼,看到汽车只有 40% 的剩余电量,于是赶快将车开到就近的充电桩进行快充,结果却无法完成充电,小王又重复操作了几次,均存在同样的问题,于是将车开往离他 3km 的 4S 店进行维修。请完成快充故障的检修,进而排除故障。

车载充电机 通信故障检修

直流充电口 线路故障检测案例

2. 故障原因分析

由直流充电工作原理进行分析,可能有如下原因导致快充不能进行:

(1)充电口故障。

(2)BMS 故障。

(3)线路故障。

(4)其他故障。

3. 故障诊断

步骤1:关闭点火开关,断开蓄电池负极,如图5-20所示。

步骤2:使用一字螺丝刀拆卸车辆机舱装饰板固定卡扣,并将机舱装饰板取下,如图5-21所示。

图5-20 断开蓄电池负极　　　　图5-21 拆卸机舱装饰板固定卡扣

步骤3:拔下直流充电低压接插件,如图5-22所示。

步骤4:找到温度传感器端子,测量两对端子之间的电阻值。

步骤5:查找查看蓄电池管理器B/直流充电口电气原理图,找到充电子网CAN-High与CAN-Low端子,使用万用表电阻挡充电子网CAN-High端子B53(A)-5与充电子网CAN-Low端子B53(A)-4之间的电阻值,测量值为123Ω(标准值为120Ω),正常。如图5-23所示。

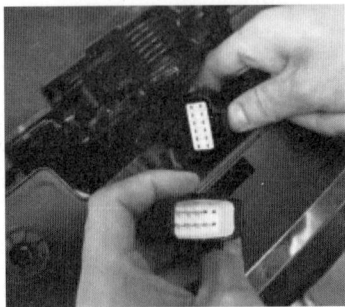

图5-22 断开直流充电低压接插件　　　图5-23 测量CAN-High与CAN-Low的电阻

步骤6:打开直流充电口盖板,使用万用表电压挡测量直流充电口CC1与PE的电阻,测量值为∞(标准值为1kΩ),不正常。如图5-24所示。

步骤7:使用万用表电阻挡测量S+与S-之间的电阻值,测量值为123.7Ω(标准值为120Ω),正常。如图5-25所示。

步骤8:使用万用表电阻挡测量直流充电枪CC2与PE的电阻,测量值为1kΩ(标准值为1kΩ),正常。如图5-26所示。

图 5-24 测量直流充电口 CC1 与 PE 的电阻

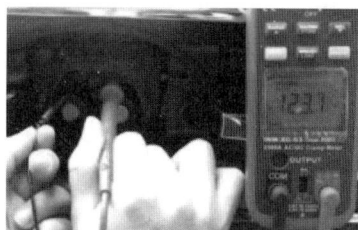

图 5-25 测量 S + 与 S – 之间的电阻

步骤 9：使用万用表电压挡测量直流充电枪 A + 与 A – 之间的电压，测量值为 12V（标准值为 12V），正常。如图 5-27 所示。

图 5-26 测量直流充电枪 CC2 与 PE 的电阻

图 5-27 测量直流充电枪 A + 与 A – 之间的电压

4. 故障排除

通过上述诊断，直流充电口端 CC1 端与 PE 端间线路断路，致使充电桩与车辆未连接，恢复线路后重新充电正常，故障排除。

5. 故障总结

在维修新能源汽车故障时，要熟悉相关技术资料，比如要能读懂直流充电工作原理图，依据图示才能更快更准地找出故障点，进而排除故障。

6. 现场 6S 整理

进行现场 6S 整理。

学习拓展

1. 动力蓄电池内部充电原理

动力蓄电池内部充电原理如图 5-28 所示。

1）充电之前加热

当充电初期，从控盒检测到每个动力蓄电池组的温度，并反馈给主控盒。主控盒接收来自从控盒反馈的实时温度，并计算出最大值与最小值，当检测到电芯温度低于设定值时，主控盒控制加热继电器闭合，通过加热元件、加热熔断器接通电路，进行加热。

慢充时：

充电桩→车载充电机→高压插接件→加热继电器→加热元件→加热熔断器→高压插接件→车载充电机→充电桩，构成充电回路，进行加热，如图 5-28 中箭头所示。

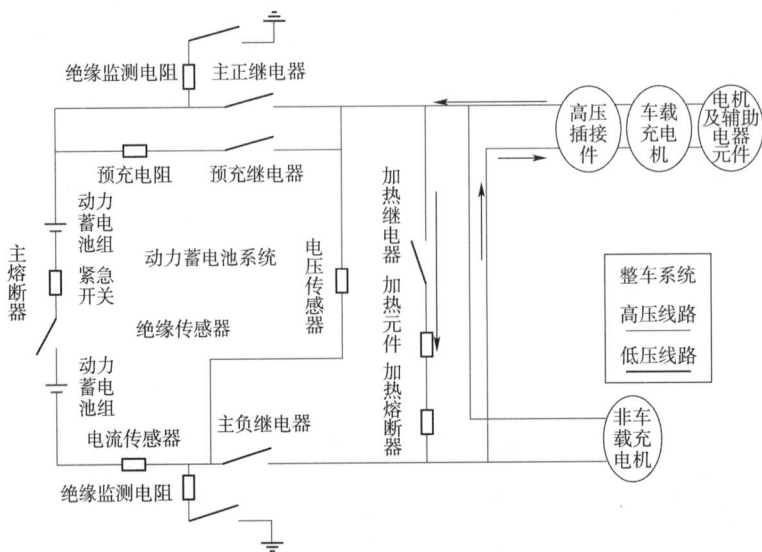

图 5-28 动力蓄电池内部充电原理

快充时：

非车载充电机→高压插接件→加热继电器→加热元件→加热熔断器，构成充电回路，进行加热。

2) 充电初期预充电

在充电初期，整车控制器唤醒 BMS，BMS 进行自检和初始化，完成后上报给整车控制器。整车控制器控制主负继电器闭合，BMS 控制预充继电器闭合，对各单体电芯进行预充电，确定单体电芯无短路后，BMS 将断开预充继电器，完成预充电，其动力蓄电池预充电示意图如图 5-29 所示。

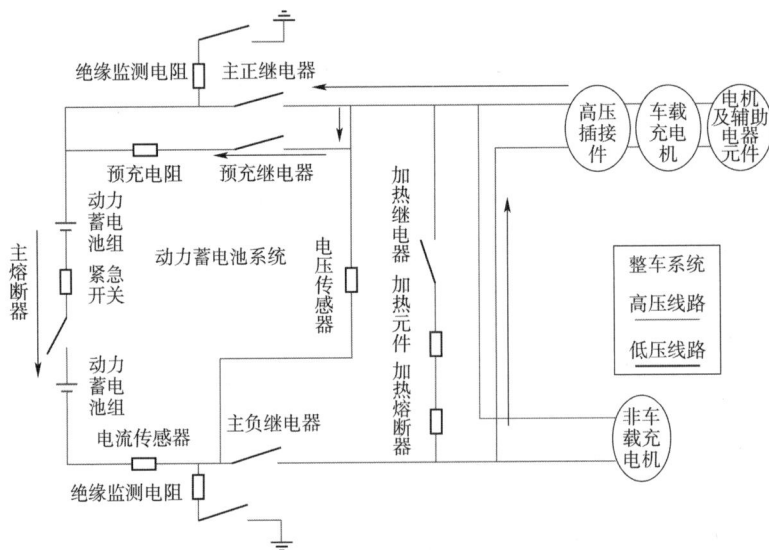

图 5-29 测动力蓄电池预充电示意图

慢充时：

充电桩→车载充电机→高压插接件→预充继电器→预充电阻→动力蓄电池组→主熔断器→紧急开关→动力蓄电池组→电流传感器→主负继电器→高压插接件→车载充电机→充电桩，构成充电回路，进行预充，如图5-29中的箭头所示。

快充时：

非车载充电机→预充继电器→预充电阻→动力蓄电池组→主熔断器→紧急开关→动力蓄电池组→电流传感器→主负继电器→非车载充电机，构成回路，进行预充。

3）充电

预充电完成之后，BMS断开预充电继电器，闭合主正继电器，对动力蓄电池组进行充电，如图5-30所示。

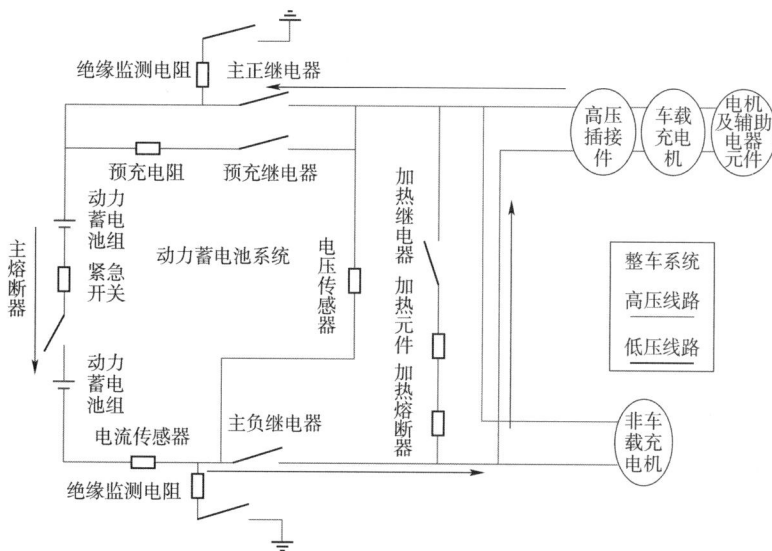

图5-30 动力蓄电池充电

慢充时：

充电桩→车载充电机→高压插接件→主正继电器→动力蓄电池组→主熔断器→紧急开关→动力蓄电池组→电流传感器→主负继电器→高压插接件→车载充电机→充电桩，构成充电回路，进行慢充，如图5-30中的箭头所示。

快充时：

非车载充电机→主正继电器→动力蓄电池组→主熔断器→紧急开关→动力蓄电池组→电流传感器→主负继电器→非车载充电机，构成回路，进行快充。

2. 动力蓄电池内部放电原理

1）放电初期预充

整车控制器唤醒BMS，BMS进行自检和初始化，完成后上报给整车控制器。整车控制器发出高压供电指令，BMS开始按顺序控制继电器的闭合和断开。

因电路中电机控制器和空调压缩机控制器等含有电容，在放电模式初期，BMS控制预充电继电器进行闭合,需低压、小电流给各控制器电容充电,当电容两端电压接近动力蓄电池总电压时,断开预充继电器。途经路线如下:

动力蓄电池组正极端:

动力蓄电池组→紧急开关→主熔断器→蓄电池组正极→预充电阻→预充继电器→高压插接件→车载充电机→电机及辅助电器元件。

动力蓄电池组负极端:

动力蓄电池组负极→电流传感器→主负继电器→高压插接件→车载充电机→电机及辅助电器元件。

构成回路,完成预充。

2)放电

预充完成之后,BMS 断开预充继电器,并闭合主正继电器,动力蓄电池组进行放电。

动力蓄电池组正极端:

动力蓄电池组→紧急开关→主熔断器→动力蓄电池组正极→主正继电器→高压插接件→车载充电机→电机及辅助电器元件。

动力蓄电池组负极端:

动力蓄电池组负极→电流传感器→主负继电器→高压插接件→车载充电机→电机及辅助电器元件。

构成回路,完成放电。

3)绝缘检测

BMS 具有高压回路绝缘检测功能,检测动力蓄电池组与箱体、车体等之间的绝缘状况,如图 5-31 所示。

动力蓄电池组正极端→绝缘检测电阻→绝缘继电器→接地。

动力蓄电池组负极端→绝缘检测电阻→绝缘继电器→接地。

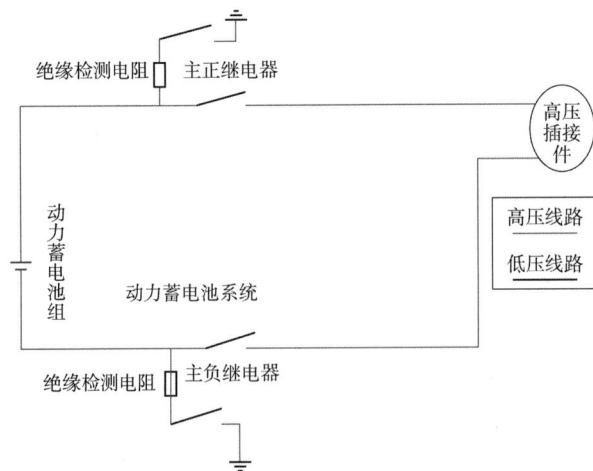

图 5-31　绝缘检测回路

◆ 习题

一、填空题

1. 交流充电指电网输入给车辆的电压为交流电,可以是_____单向电或_____三相电。

2. 通过交流充电桩连接新能源汽车的交流充电口,并通过_____对交流电进行升压并转化为_____,然后通过_____内部的整流模块整流成符合该车辆所需要的电压对其动力蓄电池充电,该过程称为_____,也称为_____。

3. 交流充电的部件主要有_____、_____、_____、_____或_____交流电源和_____等。

4. _____是指用于连接活动电缆和新能源汽车的充电部件,它由_____和_____两部分组成。

5. 当充电桩功率低于_____时,交流电通过双向逆变充放电技术(VTOG)中的_____对动力蓄电池进行_____;反之,进行放电。

6. 根据标准要求,_____是充电插头和充电插座是否连接的判断信号,同时车辆根据CC的信号值,判断_____阻值,确定线束的容量。

7. 车辆不能正常交流充电的原因主要有四个:_____、_____、_____以及_____。

8. 直流充电是指使用直流充电设备直接给新能源汽车的_____补充能量的方式。直流充电桩输出_____的直流电通过_____的直流充电正负极后给动力蓄电池充电。

9. 在直流充电模式下,充电系统主要由_____、_____、_____、_____等组成。

10. _____功能类似于加油站里面的加油机,直流桩的输入端与交流电网_____三相电直接连接,内部直接将_____转化为_____,输出端装有_____用于连接直流充电口。

11. 直流充电口通过直流充电柜的直流充电口将_____供给_____充电。

12. 以比亚迪秦 EV 为例,在充配电总成中有_____、_____。

13. 快充系统充电唤醒信号正常输出为_____ V。

二、判断题

1. 车辆仪表充电指示灯不亮建议检查交流充电枪端的 CC 与 PE 的电阻,若充电枪端的电阻正常,则检查充电口的 CC 与 PE 的电压,标准值12V;若不正常,则检查充配电总成的常电。   (   )

2. 充电时充电桩跳闸建议检查交流充电桩上游的漏电开关的载流大小,若漏电开关的载流正常,则检查充电桩内部是否有短路。   (   )

3. 交流模式的充电条件中单体蓄电池最高温度与最低温度差小于15℃。   (   )

4. 快充不充电故障症状为:遥控功能正常,但操作左前门微动开关无动作(持有合法钥

匙,且在探测区域)的可疑部位左前门把手微动开关、左前门把手探测天线、集成式车身控制器、线束或连接器。 （　　）

5. 当充电枪成功连接后,CP 信号为占空比信号,通过 CP 检测线传入的信号,可以得出该充电机允许的最大 AC 输入电流,CP 信号判断充电枪最大输出电流。 （　　）

6. 车载充电机是交流充电系统的关键部件,其根据控制指令把交流电转化为直流电给蓄电池充电。 （　　）

7. 直流充电桩输出 DC 500V 的直流电通过充配电总成的直流充电正负极接触器后给动力蓄电池充电。 （　　）

8. 通过交流充电柜的直流充电口将高压直流电供给动力蓄电池充电。 （　　）

9. 若充电口温度持续上升,BMC 控制充配电总成中的直流充电正负极接触器断开,停止给动力蓄电池充电,避免充电过程中,充电口的温度过高导致充电口熔化,造成安全隐患,保证车辆充电安全。 （　　）

10. 在直流充电过程中,突然跳枪后无法充电,检查低压蓄电池的电压,若低于 8.8V,则检查 DC/DC 转换器是否工作。 （　　）

11. 在充电阶段,车辆向直流充电桩实时发送蓄电池充电需求的参数,充电桩会根据该参数实时调整充电电压和电流,并相互发送各自的状态信息。 （　　）

12. 充电枪连接成功但未唤醒建议 BCM 检查直流充电枪输出 A + 、A - 辅助电源是否正常;若不正常,则检查直流充电桩内部的开关电源是否工作。 （　　）

三、选择题

1. 车载充电机的英文缩写是(　　　)。

A. OBC   B. ABC   C. CBA   D. BOC

2. 交流(慢充)充电的部件有哪些? (　　　)

A. 车载充电机   B. 交流充电插座   C. 充电线   D. 交流充电桩

3. 交流(慢充)模式的充电条件中动力蓄电池电芯温度是(　　　)。

A. 温度高于0℃/低于45℃   B. 温度高于10℃/低于55℃

C. 温度高于15℃/低于60℃   D. 温度高于20℃/低于65℃

4. 车辆不能正常充电的原因有(　　　)。

A. 车辆外部设备故障   B. 蓄电池自身故障

C. 车辆充电控制系统故障   D. 通信故障

5. 在交流充电过程中跳枪,等待一段时间后又可以继续充电,检查交流充电口端的温度传感器的阻值是否变小,标准值(　　　)kΩ。

A. 2   B. 3   C. 4   D. 5

6. 在直流充电模式下,充电系统的组成包括(　　　)。

A. 直流充电桩   B. 直流充电接口

C. 充配电总成   D. 直流充电高压线束

7. 直流充电时,在动力蓄电池的两端加载直流电压,以恒定大电流对蓄电池充电,蓄电池的电压渐渐地缓慢地上升,上升到一定程度,蓄电池电压达到标称值,SOC 在(　　　)时以上转为恒压充电,此时会降低充电电流。

    A.88%   B.90%   C.91%   D.95%

8.直流充电桩输出的电流(   )时,直流充电桩停止给新能源汽车充电。

    A.小于5A   B.小于6A   C.小于7A   D.小于8A

9.直流充电口端的温度传感器的阻值标准值是(   )。

    A.2kΩ   B.3kΩ   C.4kΩ   D.5kΩ

10.在直流充电过程中,突然跳枪后无法充电,检查低压蓄电池的电压,若低于(   ),则检查 DC/DC 转换器是否工作。

    A.9.8V   B.10.8V   C.11.8V   D.12.8V

项目六

空调系统故障诊断与排除

知识目标

（1）了解新能源汽车空调系统的结构组成。

（2）掌握新能源汽车空调系统的使用与操作方法。

（3）熟知新能源汽车空调系统制冷和制热的基本原理。

（4）掌握新能源汽车空调系统不出风故障的排除方法。

（5）掌握新能源汽车空调系统不制冷故障的排除方法。

技能目标

（1）能够正确对空调使用与操作。

（2）能够排除新能源汽车空调系统不出风故障。

（3）能够排除新能源汽车空调系统不制冷故障。

素质目标

（1）能够制订工作计划，独立完成工作学习任务。

（2）能够在工作过程中，与小组其他成员合作、交流并进行学习任务分工，具备团队合作和安全操作意识。

（3）养成服从管理、依据企业 7S 管理模式规范作业的良好工作习惯。

（4）培养安全工作的意识和习惯。

▶学时：8 学时

任务1　汽车空调不出风的故障诊断与排除

任务描述

一辆北汽新能源 EV160 汽车,当开启空调时,未见出风,且无论如何调节出风大小或切换各出风模式,均无效,导致车内空气无法有效进行流通,影响正常的驾驶体验。作为一名维修新能源汽车的技术人员,请你为客户的车辆进行检查并排除空调系统不出风的故障。

一、知识准备

汽车空调系统是实现对车厢内空气进行制冷、加热、换气和空气净化的装置。制冷的功能是吸收进入车内的空气中所含有的热量和水分。它可以为乘车人员提供舒适的乘车环境,降低驾驶人的疲劳强度,提高行车安全。

(一)空调的使用与操作

大多数新能源汽车的空调暖风开关的设计都集中在一个操控面板上,这样既节省仪表板的空间且有利于进行自主切换。新能源汽车的空调控制面板如图 6-1 所示,按钮功能如下:

(1)风速:增减出风速度。

(2)A/C 开关:控制空调制冷功能开启与关闭。

(3)出风模式调节键:调节出风风向。

(4)前除霜快捷键:出风模式将快速切换到前除霜模式。

(5)后除霜快捷键:后除霜模式启动。

(6)空调关闭键:按下后,空调系统所有执行机构停止工作。

(7)循环模式开关:开关上的黄色指示灯点亮,为内循环模式;开关上的黄色指示灯熄灭,为外循环模式。

(8)温度旋钮:改变出风温度。

(9)液晶显示屏:从左到右,分别显示风速挡位、出风模式、温度状态等。

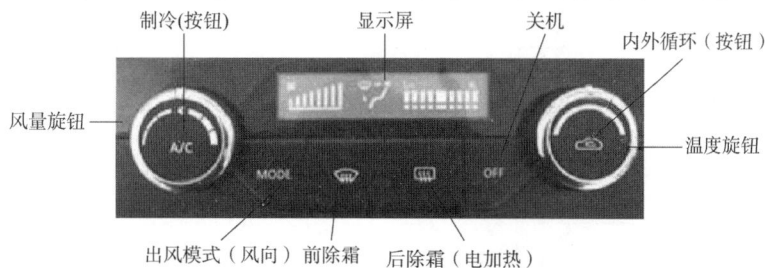

图 6-1　某新能源汽车的空调控制面板

风量共 8 挡,从左到右依次增大,最小风量为 1 挡。模式共 5 种,分为吹面、吹面吹脚、吹脚、吹脚除霜、全除霜。温度条 Lo 表示最冷,Hi 表示最热,从 Lo 至 Hi 表示从冷到热程度增加。

(二)空调送风系统

1. 空调送风系统的作用

空调送风系统的作用是指经过冷却或加热的空气通过特定的风道送到驾驶室内相应的位置。送风系统的组成主要由鼓风机、风道、风门和出风口等组成。某车型的送风系统结构如图 6-2 所示。

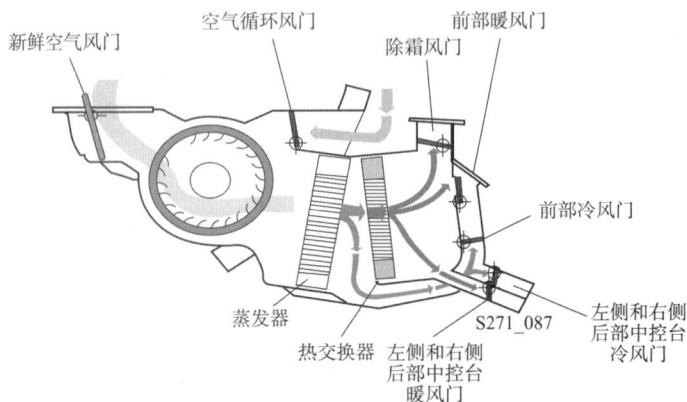

图 6-2　某车型的送风系统结构

送风系统通过风窗玻璃上的进气栅栏(新鲜空气风门),向车辆内部提供新鲜的或加热、制冷后的空气,注意保持进气格栅清洁,没有如树叶、雪花或结冰。

2. 空调控制器

空调控制器(ECC)一般与空调面板制成一体,控制电机调节和控制系统中的各个风门,使之按需要移动到各种位置,引入内部或外部的空气通过不同的风道,实现各种送风模式。图 6-3 所示为风道内部元件及结构图。

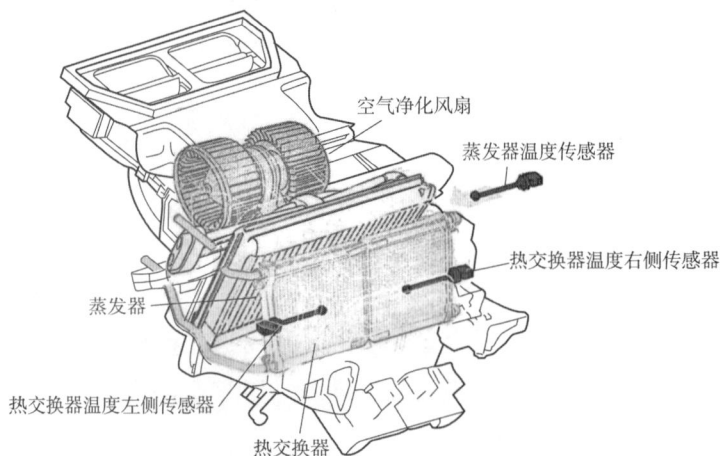

图 6-3　风道内部元件及结构图

(三) 控制电路分析

北汽 EV160 空调的基本控制电路如图 6-4 所示,空调控制器通过 CAN 总线实现与整车控制器等其他控制系统建立通信,而内部车厢送风风量的大小由鼓风机的调速模块来控制,鼓风机的控制由鼓风机继电器来控制。

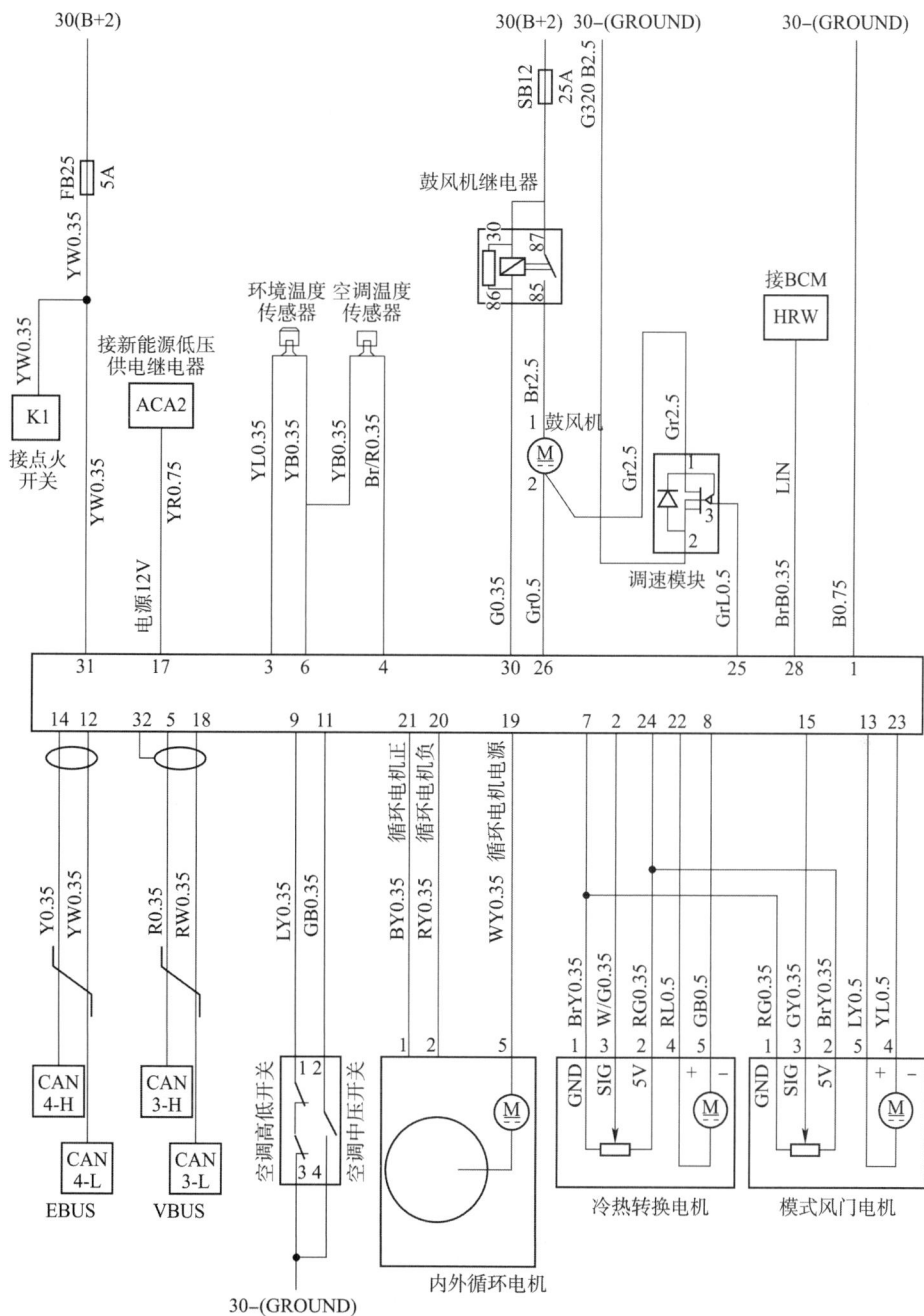

图 6-4　电动汽车空调的基本控制电路

当风速旋钮打开后,鼓风机继电器闭合,鼓风机1、2两端得电,鼓风机工作,其中鼓风机2号端子与调速模块1相连作为电阻阻值调节的一端,调速模块2号端子接地,其3号端子与空调控制器ECU 25号端子相连,在风速旋钮不断的调节下,实现阻值不断变化,从而使得鼓风机两端的电流不断变化,实现鼓风机转速的变化,进而风速的调节。

汽车空调出风模式的调节主要由模式风门电机来控制。通过"MODE"按钮键的切换操作控制电机停留在不同的挡位,从而使得电机开启在对应出风模式的送风管道,同样的空气内循环模式也类同,具体工作原理需要结合不同的送风管路布置模式,如图6-5所示。

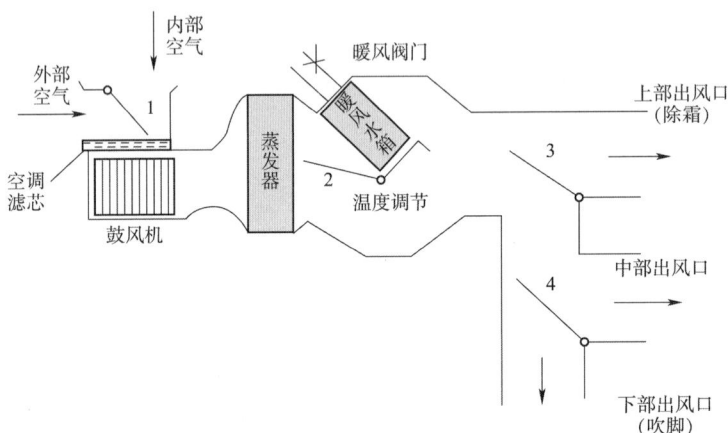

图6-5　汽车空调各模式送风调节原理
1-内外循环控制风门;2-温度控制风门;3-除霜控制风门;4-中下部控制风门

配风系统一般由三部分构成,第一部分为空气进入段,主要由用来控制新鲜空气和室内循环空气的切换风门、鼓风机和空调滤网组成;第二部分为空气混合段,主要由蒸发器、空气混合风门和加热器组成;第三部分为空气分配段,主要由模式切换风门和各支路风道组成。

图6-5中的1、2、3、4分别代表内外循环控制风门、温度控制风门、除霜控制风门和中下部控制风门,汽车空调的内外循环及风向调节就是这几个风门的开启和关闭来控制的,其控制方式有手动和电动两种。现在大部分汽车空调都是用电动控制,其中的1、3、4使用普通电机控制,而2常用步进电机控制,可以精确地调节温度和湿度。

汽车空调的外循环调节是非常重要,车内与车外的空气始终是互通的,无论空调系统是否打开,空气都会不断流动进出;内循环与外循环完全相反,汽车内外的空气流通处于最小的状态,大部分空气都来自车内,不断重复再利用,在夏天可以迅速降低车内温度,冬天能够发挥暖恒温作用。但内循环还是有缺点的,车内空气不断循环利用,时间长了空气品质会下降。

当开启外循环时,会增大与外界空气的流通量,开启风扇,则会加快空气交换流通速度。当外部环境非常好时,使用外循环模式,可让车内充满新鲜空气,提升车内空气品质;如果外部环境非常恶劣,比如灰尘、雾霾或在交通堵塞路段,如使用外循环模式,则会将汽车废气、沙尘等吸入车内,导致车内空气品质下降,影响乘坐的舒适性。因此,当外部环境恶劣时,尽量不要使用外循环模式。

二、任务实施

（一）工作准备

（1）防护装备：防护用品一套（工作服、绝缘劳保鞋、护目镜、绝缘头盔、绝缘手套）。

（2）车辆、台架、总成：北汽新能源汽车 EV160 一辆，或其他同类型新能源汽车。

（3）专用工具、设备：拆装专用工具。

（4）手工工具：新能源汽车维修组合工具。

（5）辅助材料：高压维修警示牌和设备、绝缘地胶、二氧化碳灭火器、清洁剂。

所需设备和工具见表 6-1。

设备及工具清点表　　　　表 6-1

名称	数量	清点	名称	数量	清点
比亚迪秦 EV 整车	1 辆	□清点	工位防护套装	1 套	□清点
数字式万用表	1 套	□清点	饰板拆装专用工具	1 套	□清点
道通 MS908E 汽车故障诊断仪	1 套	□清点	个人防护套装	2 套	□清点
万用接线盒	1 套	□清点			

（二）实施步骤

1. 工作任务

北汽新能源汽车 EV160 某位车主反映，当开启空调时，未见出风，且无论如何调节出风量大小或切换各出风模式，均无效果，导致车内空气无法有效进行疏通，影响正常的驾驶体验。初步判断为汽车空调不出风的故障，请完成此故障排除任务。

2. 送风电路分析

某新能源汽车空调送风电路如图 6-6 所示。空调出风由鼓风机作为动力源，如鼓风机本体损坏、鼓风机熔断丝熔断或继电器损坏，以及调速旋钮控制元件线路方面的问题，都会导致鼓风机不工作，从而空调无法在正常使用情况下出风。

3. 故障诊断

步骤 1：检查鼓风机电阻有无损坏的情况。

步骤 2：检查熔断丝 SB12 是否断路以及鼓风机继电器是否正常工作，如果检查发现有损坏，则需要更换。

步骤 3：检查鼓风机调速模块线路有无短路或断路等。

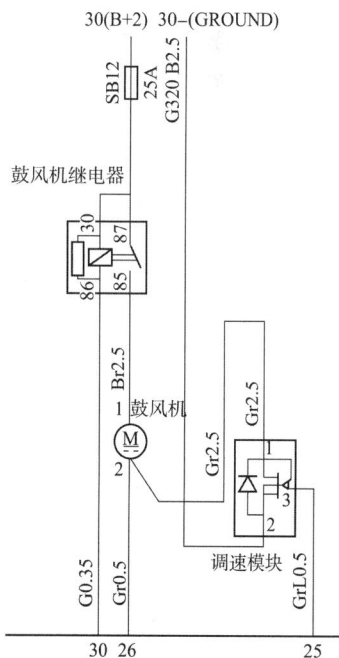

图 6-6　某新能源汽车空调的送风电路

4. 故障排除

通过检查发现鼓风机继电器工作不正常,更换后,试车。开启空调时出风正常,故障排除。

5. 故障总结

如遇到此类现象,还应考虑空调滤清器及送风通道是否有堵塞。当鼓风机工作时,如果空调滤清器脏堵,以及送风通道堵塞,也会导致空调不出风,需要拆卸空调滤清器,并检查是否因为过脏而导致严重堵塞。此外,更需要进一步对各送风管路进行检查,检查是否存在树叶、纸张甚至纱布等遮挡。

6. 现场 6S 整理

进行现场 6S 整理。

任务2 汽车空调不制冷故障诊断与排除

任务描述

某新能源汽车,当空调制冷功能开启时,无论如何调节制冷出风大小或切换各出风模式,均无制冷效果,导致车内空气无法有效降温,影响正常的驾驶体验。请完成空调系统不制冷的故障的诊断和排除任务。

一、知识准备

(一) 空调制冷系统的组成

空调制冷循环系统的组成与传统车辆类似,由空调压缩机、冷凝器、膨胀阀、蒸发器及管路组成,只是空调压缩机改为电动形式的压缩机。某电动汽车空调系统组成如图6-7所示。

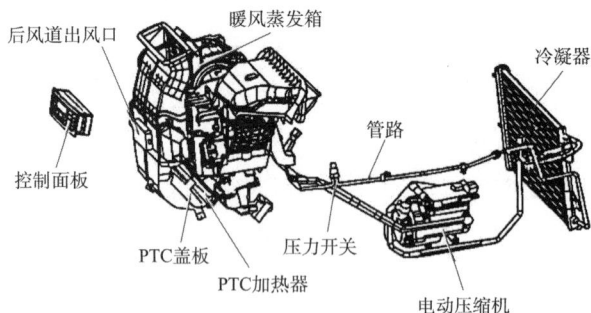

图 6-7　某电动汽车空调系统组成

空调制冷剂循环过程原理如图 6-8 所示。

1. 电动空调压缩机

新能源汽车空调驱动方式与传统汽车空调不同,采用电机驱动。电动空调压缩机固定在车辆底盘上,一般在电动空调压缩机上集成有压缩机控制器。空调压缩机控制器将高压直流电转换成三相交流电而驱动空调压缩机。电动压缩机上布置有高压插头和低压插头,压缩机本体上有制冷机循环的进出管路。某汽车直流电动空调压缩机的外观及安装位置及说明如图6-9所示。

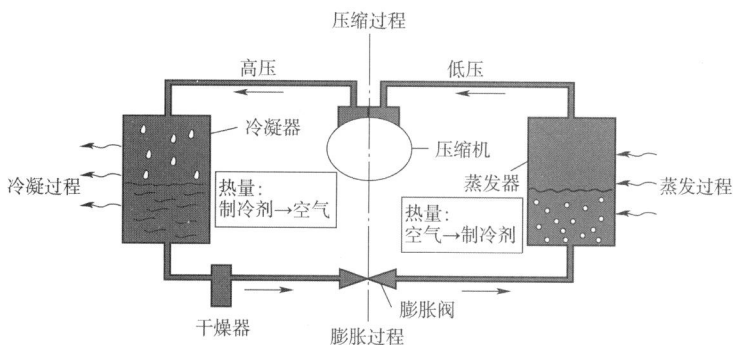

图 6-8　空调制冷剂循环过程原理

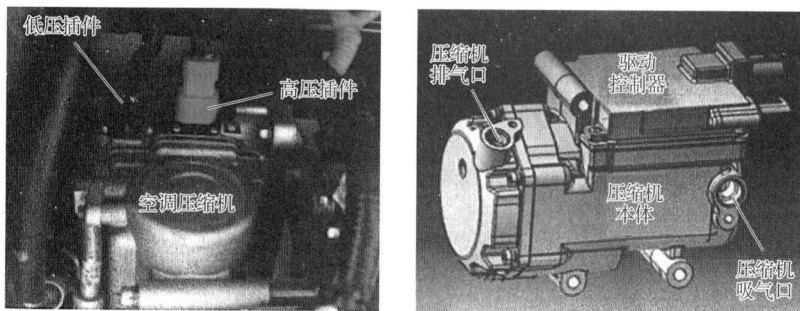

图 6-9　某汽车直流电动空调压缩机的安装位置及说明

　　新能源汽车空调的压缩机一般使用涡旋式压缩机,涡旋式压缩机包括一个定涡盘和一个动涡盘,这两个相互啮合的涡盘,其线形是相同的,它们相互错开180°安装在一起,即相位相差180°。压缩机内部工作分为吸气、压缩和排气等过程。涡旋式压缩机的工作过程如图6-10所示。

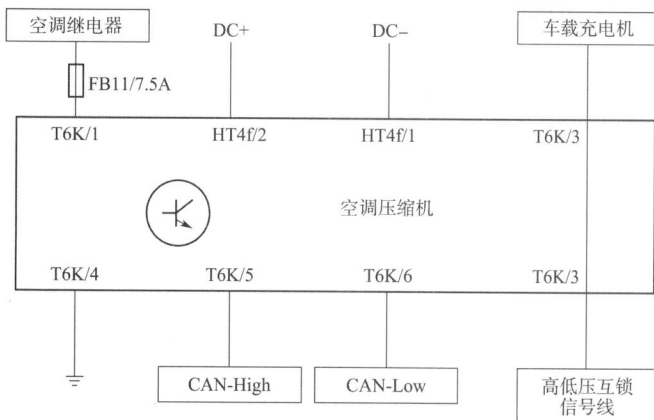

图 6-10　涡旋式压缩机的工作过程

整车控制器(VCU)采集到空调 A/C 开关信号、空调压力开关信号、蒸发器温度信号、风速信号以及温度环境信号,经过运算处理形成控制信号,通过 CAN 总线传输给控制器,由空调控制器控制空调压缩机高压电路的通断,具体可参考图 6-4。

空调继电器控制压缩机 12V 低压电源(低压电源电压正常是空调压缩机控制器的通信信号传输及控制功能得以正常运行的可靠保证)。整车控制器(VCU)通过数据总线 CAN-High、CAN-Low 与空调压缩机控制器相连接,再由压缩机控制器控制压缩机的高压电源线 DC + 与 DC − 通断。

高压互锁信号线在高压上电前确保整个高压系统的完整性,使高压处于一个封闭的环境下工作,提高安全性。空调压缩机的高压线束与低压线束相互独立,高压端子与 DC + 对应为高压电源正极,与 DC − 对应为高压电源负极。

电动压缩机参数包括工作电压、控制电源电压范围、额定输入功率等。某汽车电动压缩机的参数见表 6-2。

某汽车电动压缩机的参数　　　　　　　　　　　表 6-2

工作电压范围	DC 330 ~ 450V	最小转速	1000r/min
额定输入电压	DC 384V	转速误差	<1%
额定输入功率	2437V	排量	27ml/r
控制电源电压范围	DC 9 ~ 15V	制冷剂	R134a
控制电源最大输入电流	500mA	冷冻油	RL68H;(POE68)
电机类型	直流无刷无传感器电机,6 极	制冷量	4875W
额定转速	6500r/min	—	—

高压互锁信号线在高压上电前确保整个高压系统的完整性,使高压电处于一个封闭的环境下工作,提高安全性。空调压缩机的高压线束与低压线束相互独立,压缩机插接器针脚为高压两芯和低压六芯。某车型电动压缩机插接件引脚定义见表 6-3。

某车型电动压缩机插接件引脚定义　　　　　　表 6-3

插接件	端口	接口定义	备注
高压两芯 (动力接口)	A	高压正	控制器与动力蓄电池连接
	B	高压负	
低压六芯 (控制信号接口)	1	DC 12V	
	2	空调开关信号输入	高电平或悬空为关闭(OFF),低电平或接地为开启(ON)。高电压输入范围:DC 5 ~ 15V,15mA;低电压输入范围:DC 0 ~ 0.8V,15mA
	3	空调调速信号输入	信号形式为 400Hz PWM 占空比信号,电压:0 ~ 15V,高电压 5 ~ 15V,15mA;低电压 0 ~ 0.8V
	4	DC 12V 负极	—
	5	CAN-High 接口	—
	6	CAN-Low 接口	—

2.冷凝器

冷凝器是用于将制冷剂所含的热量释放,并将制冷剂由气态转变成液态的热交换器。冷凝器安装在车辆的前部,风扇将风吹过散热装置,以利于排出热量。来自压缩机的制冷剂以高温高压的气态形式从顶部进入冷凝器。当经过冷凝器时,制冷剂释放所含的大量热量并使热量凝集在底部。在冷凝器出口,制冷剂处于高压低温液态。冷凝器的工作原理如图 6-11 所示。

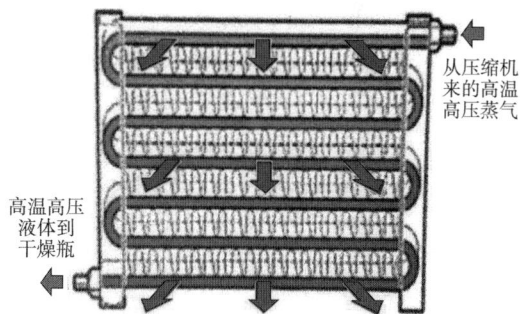

从压缩机来的高温高压蒸气

高温高压液体到干燥瓶

图 6-11　冷凝器的工作原理

3.膨胀阀

膨胀阀的作用是使从冷凝器过来的高温高压液体制冷剂通过膨胀阀的节流降压成为容易蒸发的低温低压雾状制冷剂进入蒸发器,即分为制冷剂的高压侧和低压侧。膨胀阀可以自动调节制冷剂流量,它根据制冷负荷的改变和压缩机转速的变化,自动调节制冷剂进入蒸发器的流量以满足制冷循环的需要。膨胀阀的外观和内部结构原理如图 6-12 所示。

a) 膨胀阀的外观

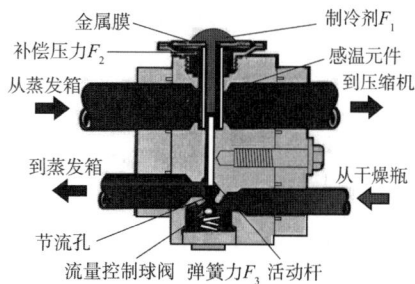

金属膜
补偿压力F_2
从蒸发箱
到蒸发箱
节流孔
流量控制球阀
弹簧力F_3
活动杆
制冷剂F_1
感温元件
到压缩机
从干燥瓶

b) 膨胀阀的内部原理

图 6-12　膨胀阀的外观和内部结构原理

4.蒸发器

蒸发器是一个热交换器,减压后的制冷剂以液/气态进入蒸发器,蒸发器中的制冷剂吸收进入车内的外部空气的热量,制冷剂蒸发。在蒸发器出口处,制冷剂呈低压低温气态。

在蒸发器处安装有蒸发器温度传感器来测量蒸发器温度,当蒸发器温度低于一定温度时空调停止运转,防止蒸发器结霜、结冰。当蒸发器温度高于一定温度时,空调系统才能重新接通,蒸发器是空调电气控制系统的一个保护性传感元件。图 6-13 所示为蒸发器外观和蒸发器温度传感器。

(二)新能源汽车空调系统工作原理与工作过程

1.新能源汽车空调系统工作原理

在按下空调制冷系统按钮键后,制冷剂被释放到压缩机内,压缩机会不断对制冷剂进行压缩,压缩过后的制冷剂就被送入蒸发器。蒸发器让制冷剂热胀冷缩。在蒸发器的高温下,制冷剂开始膨胀,而膨胀会吸收热量。制冷剂吸收热气热量产生冷气。在制冷剂吸收热量的同时,热气被不断地传送到蒸发器内,这样,热的空气就被冷却剂吸收了热量,最后吹出来的就是冷风。汽车空调工作原理如图 6-14 所示。

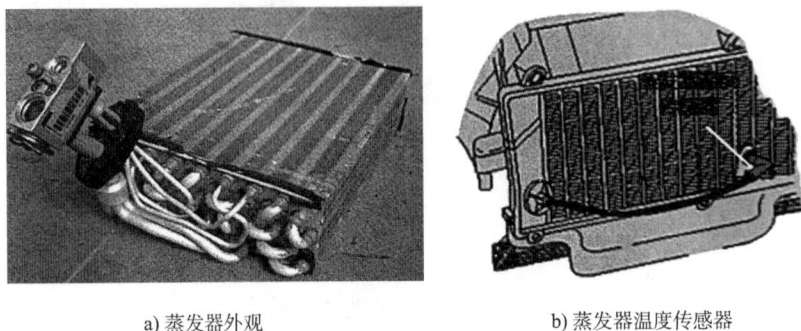

a) 蒸发器外观　　　　　　　　　　b) 蒸发器温度传感器

图 6-13　蒸发器外观和蒸发器温度传感器

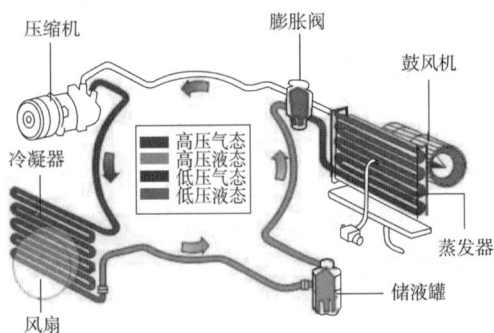

图 6-14　汽车空调工作原理

2. 电动空调工作过程

空调各部件之间采用高压橡胶管和钢管连接成一个密闭的系统,在制冷系统工作时,制冷剂会以不同的状态在这个空间里循环流动,而这样的循环又分为四个过程。

(1)压缩过程:压缩机吸入蒸发器出口的低温低压的制冷剂气体,把它压缩成高温高压的气体排出压缩机。

(2)散热过程:高温高压的过热制冷剂气体进入冷凝器,由于压力及温度的降低,制冷剂气体冷凝成液体,并排出大量的热量。

(3)节流过程:温度和压力较高的制冷剂液体通过膨胀装置后体积变大,压力和温度急剧下降,以雾状(细小液滴)排除膨胀装置。

(4)吸热过程:雾状制冷剂液体进入蒸发器,因此时制冷剂沸点远低于蒸发器内温度,故制冷剂液体蒸发成气体。在蒸发过程中吸收周围的热量,而后低温低压的制冷剂蒸汽又进入压缩机。上述过程周而复始地进行,从而达到降低蒸发器周围空气温度的目的。

(三) 电动空调的控制原理

1. 空调控制方式

在某电动汽车中,整车控制器控制空调功能的开启与关闭。点火开关旋至"ON"挡后,按下 A/C 按钮,表示空调制冷功能请求输出。此时,整车控制器会接收 A/C 请求信号,同时开关上的工作状态指示灯点亮,根据内部程序控制制冷系统工作。图 6-15 为由整车控制器控制的空调系统工作原理图。

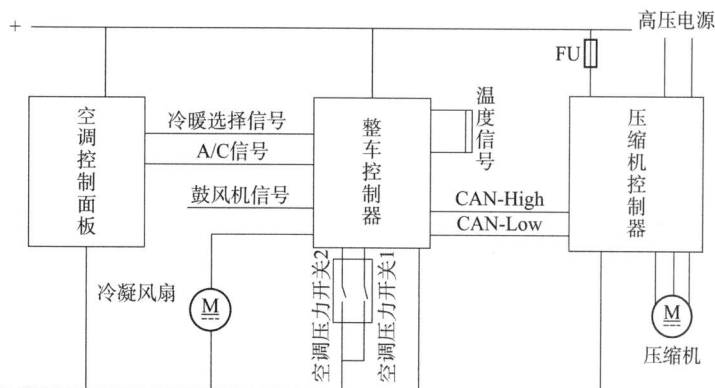

图 6-15 由整车控制器控制的空调系统工作原理图

还有的电动汽车是由空调控制器控制的空调系统工作。图 6-16 为由空调控制器控制的空调系统工作原理图。

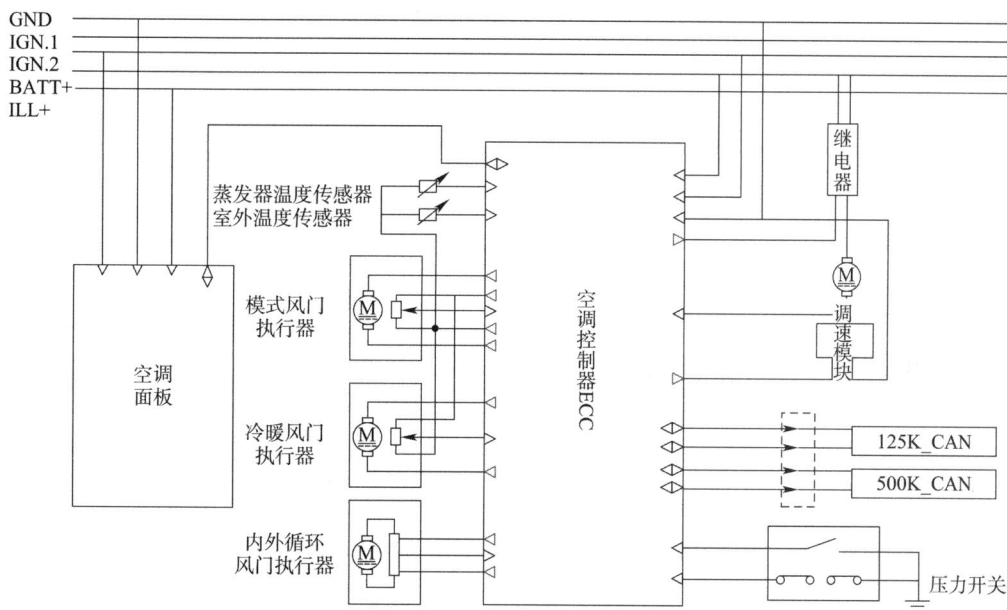

图 6-16 由空调控制器控制的空调系统工作原理图

2. 冷凝风扇的控制

冷凝风扇的控制与制冷剂管路压力有关,冷凝风扇的工作条件如下:

(1)开启条件。开启条件为高低压开关闭合,并且有 A/C 请求信号开启或蓄电池制冷请求信号开启。

(2)关闭条件。关闭条件为高低压开关断开或 A/C 请求信号关闭。

(3)关闭延时控制。在待机模式下,高低压开关断开请求关闭,冷凝风扇延时 5s 关闭。在开机模式下,高低压开关断开时,冷凝风扇延时 5s 关闭。若高低压开关闭合,关闭 A/C 请求信号,则冷凝风扇延时 5s 关闭。风扇控制与系统压力的关系见表 6-4。

风扇控制与系统压力的关系　　　　　　　　　　表 6-4

序号	系统压力工况	系统高低压触发状态	系统中压触发状态	风扇请求状态
1	压力过低	触发	未触发	停机
2	压力正常	未触发	未触发	低速
3	压力偏高	未触发	触发	高速
4	压力过高	触发	触发	高速

3. 与空调系统有关的控制器的通信

以某电动汽车为例讲解空调系统的内部通信原理。

(1) 空调控制器与 PTC 控制器通信。某车型空调控制器与 PTC 控制器通过 500K_CAN 网络进行信息交互,其通信原理如图 6-17 所示。

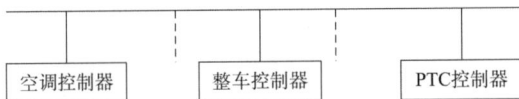

图 6-17　空调控制器与 PTC 控制器通信原理

根据 CAN 报文协议,在冷暖调节(即屏幕显示)至暖区四挡时,空调控制器发出 PTC 控制器使能命令;当环境温度高于 35℃时,不允许 PTC 控制器加热器工作。

收到整车控制器停机命令后,不允许启动 PTC 控制器加热器,若已经起动,即时停止 PTC 控制器工作;在 PTC 控制器起动状态下,若乘员关闭空调,则风机延时 5s 后停机,同时风向调整至吹足,此延时状态仅用于 PTC 控制器散热,显示屏在关机时刻即关闭。

(2) 空调控制器与压缩机控制器之间的通信。空调控制器与压缩机控制器通过 500K_CAN 网络进行信息交互。

在按下 A/C 制冷功能按键后启动电动压缩机,同时点亮指示灯;此功能起动后自动联动内循环;仅在冷暖调节至相应区间后可起动电动压缩机;指示灯表示目前处于制冷状态,不指示实际电动压缩机工作状态(即电动压缩机由于蒸发温度、管路压力、故障、移出相应冷暖调节区间、整车控制器停机命令等因素停机或暂时停机时,此按键指示灯不熄灭),直至乘员手动关闭;在待机状态操作此按键可唤醒空调,同时起动制冷功能。

(3) 空调控制命令。根据 CAN 报文协议,控制电动压缩机需同时发出使能、目标转速两项命令。目标转速根据制冷程度选择分别对应 3500r/min(最冷)、2500r/min、2000r/min、1500r/min,冷暖调节为中间状态或制暖状态时压缩机停机;蒸发温度目标值上下限分别为 1℃、4℃;当环境温度低于 5℃时,不允许电动压缩机工作;收到整车控制器停机命令后不允许起动电动压缩机,若已经起动,即时停止电动压缩机工作。

(四) 空调采暖系统

PTC 的更换

新能源汽车没有传统燃油汽车的发动机,没有了热源,而是靠电加热器的热能来采暖。在空调的暖风部分,热源为 PTC 加热电阻。有的电动汽车使用 PTC 加热电阻加热冷却液作为热源。

某汽车 PTC 加热电阻由高压供电,由整车控制器或空调控制器控制接地回路。PTC 加热电阻的电路原理如图 6-18 所示。

还在部分车型,PTC 加热电阻的工作由专门的控制模块控制,PTC 加热电路原理如图 6-19 所示。PTC 控制模块采集加热请求,同时根据整车控制器或压缩机控制器控制信号、PTC 总成内部传感器温度反馈等信号综合控制 PTC 通断。PTC 控制模块采集信息内容包括风速、冷暖程度设置、出风模式、加热器起动请求和环境温度。

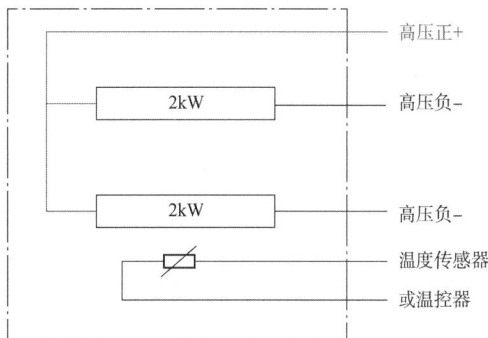

图 6-18　PTC 加热电阻的电路原理

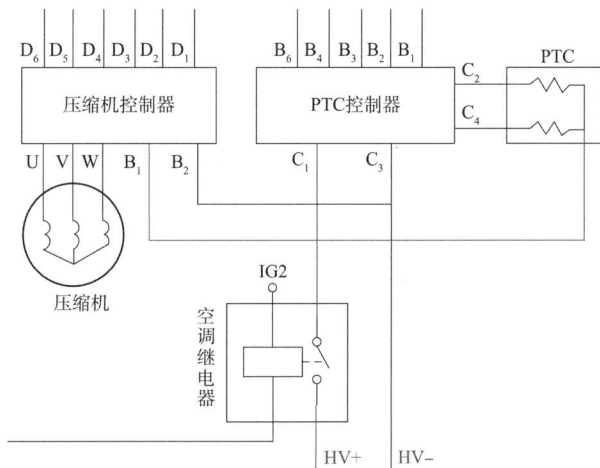

图 6-19　PTC 加热电路原理

(五) 排除空调系统故障

1.空调系统故障诊断原理

空调系统故障包括 CAN 通信故障、欠电压故障、过电压故障、过热报警和过电流保护。

(1)CAN 通信故障。当空调控制器接收到来自 CAN 总线的控制指令时,控制器将根据控制指令执行相应动作。压缩机在运行过程中要不断地接收到来自 CAN 总线的信息,若压缩机控制器在 5s 内未接收到有效的 CAN 指令,则认为 CAN 通信故障,压机将执行停机操作。

(2)欠电压故障。当空调控制器输入电压低于 DC 220V 时,进入欠电压故障模式,控制器通过 CAN 信息将故障信息上传。

(3)过电压故障。当空调控制器输入电压大于 DC 420V 时,进入过电压故障模式。控制器通过 CAN 信息将故障信息上传。

(4)过热报警。控制器通过内部传感器可以实时监测 IGBT 的工作温度。当 IGBT 工作温度高于 90℃时,控制器将给出停机指令,停止压缩机工作并将过热报警信息通过 CAN 总线上传。

(5)过电流保护。当控制器在运行过程中,如果荷载超过系统最大带载能力或出现较大扰动,会造成系统输出相电流变大,当相电流达到硬件设定值时,触发硬件过电流保护功能。控制器立刻停止运行并通过 CAN 通信上报故障信息。

2. 新能源汽车空调不制冷原因分析

(1)制冷剂不足。新能源汽车空调制冷也是需要有充足制冷剂的,如果车使用了 2~3 年就应该及时添加,在制冷剂不足的时候就会造成空调不制冷。

(2)空调管路密封橡皮圈老化。随着使用时间的增加,汽车密封橡皮圈也会有老化或者损坏的问题,如果因为这一种原因造成空调不制冷,只要及时更换密封橡皮圈即可改善。

(3)冷凝器脏。冷凝器比较脏的时候也会影响汽车的散热,可以对冷凝器和散热器进行清理即可。

(4)空调翻板损坏。这一种原因会造成空调冷风出不来,自然没有办法制冷,需要及时修理故障即可。

(5)管道有水。如果空调制冷系统当中的干燥罐里面已经吸满水,就会使管道水分过多,影响制冷效果。

(6)电动空调压缩机故障。电动空调压缩机是空调系统的核心部件,电动压缩机常见故障见表6-5。

电动压缩机常见故障　　　　　　　　　　　　　　　　　表6-5

故障	现象	原因及判断	检测及排除措施
驱动控制器不工作,压缩机不工作	压缩机无起动声音,电源电流无变化	(1)DC 12V 控制电源未通入驱动控制器; (2)控制电源电压不足或超压; (3)插接件端子接触不良或松脱	(1)检查驱动控制器电源插头端子是否松脱; (2)检查控制电源到驱动控制器之间的导线是否有断路; (3)测量控制电源电压是否达到要求(对 DC 12V 控制电源驱动控制器,控制电源至少大于 DC 9V,不得高于 DC 15V)
驱动控制器工作正常,压缩机不正常工作	压缩机发出异常声音	(1)电机缺相; (2)冷凝器风机未正常工作,系统压差过大,电动机负载过大	(1)检查驱动控制器与电机连接的三相插头及相关导线,保证其接触良好及导通; (2)保证冷凝器风机正常工作,待系统压力平衡后再次启动
	压缩机无起动声音,电源电流无变化,各端口电压正常	驱动控制器未接收到空调系统的 A/C 开关信号	(1)检查 A/C 开关是否有故障; (2)检查与 A/C 开关相连接的导线是否断路; (3)A/C 开关连接方式是否正确
	压缩机无起动声音,电源电流无变化,高压端口电压不足或无供电	欠电压保护起动	关闭整车主电源: (1)检查驱动控制器主电源输入接口处的插接件端子是否与松脱; (2)主电源到驱动控制器之间的导线是否断路; (3)控制主电源输入的继电器是否正常动作

故障	现象	原因及判断	检测及排除措施
驱动控制器工作正常,压缩机不正常工作	压缩机起动时有轻微抖动,电源电流有变化随后降为0	(1)冷凝器风机未正常工作,系统压差过大,电机负载过大导致的过电流保护启动; (2)电机缺相导致的过电流保护启动	(1)保证冷凝器风机正常工作,待系统压力平衡后再次启动; (2)检查驱动控制器与电机连接的三相插头及相关导线,保证其接触良好及导通

(7)PTC控制器故障。PTC控制器常见故障分析见表6-6。

PTC控制器常见故障分析 表6-6

故障	现象	原因及判断	检测及排除措施
PTC控制器不工作	起动功能设置后,风仍为凉风	(1)冷暖模式设置不正确; (2)PTC控制器本体断路; (3)PTC控制器控制回路断路; (4)内部短路烧毁高压熔断丝	(1)检查冷暖设置是否选择较暖方向; (2)断开高压插件后测量高压正负电阻是否正常; (3)断开低压插件后测量两极间是否为导通; (4)更换PTC控制器及高压熔断丝
PTC控制器过热	出风温度异常升高或从空调出风口嗅到塑料焦糊气味	PTC控制器控制模块损坏粘连不能正常断开	关闭制热功能,断电检查PTC控制器加热器及PTC控制器控制模块

3.空调系统维修注意事项

在维修空调系统时要注意以下事项:

(1)压缩机绝缘电阻值为20MΩ。

(2)安全操作高压部件。

(3)拆解后及时密封各管路开口,防止水或湿空气进入系统。

(4)冷冻机油(压缩机润滑油)为POE68,与传统燃油汽车(PAG冷冻机油)不同,不要混用。

(5)连接安装各管路接口时注意管口清洁,O形圈涂抹冷冻油。

(6)制冷剂加注量按要求。

(7)制冷剂喷出时注意个人防护,避免接触冻伤、吸入及误入眼睛。

4.制冷系统故障排查简要流程

1)压缩机故障

(1)首先确认操作正常。

（2）检查系统压力是否正常。

（3）检查空调系统的电路是否存在短路、断路，插接器不良的现象。

（4）若均正常，可怀疑空调控制面板或整车控制器，检查电动压缩机控制信号是否正常。

（5）无法检查出外围故障，则可认定为压缩机自身故障。

2）PTC 控制器故障

（1）首先确认操作正常。

（2）检查系统连接是否正常，是否存在插接件漏插等现象。

（3）检查高压熔断丝（即高压电输入 PTC 控制器）是否正常。

（4）建议通过故障诊断仪进行故障提示。

二、任务实施

（一）工作准备

（1）防护装备：防护用品一套（工作服、绝缘劳保鞋、护目镜、绝缘头盔、绝缘手套）。

（2）车辆、台架、总成：北汽新能源汽车 EV160 一辆，或其他同类型新能源汽车。

（3）专用工具、设备：拆装专用工具。

（4）手工工具：新能源汽车维修组合工具。

（5）辅助材料：高压维修警示牌和设备、绝缘地胶、二氧化碳灭火器、清洁剂。

所需用设备及工具见表 6-7。

设备及工具清点表　　　　　　　　　　　　　　　　表 6-7

名称	数量	清点	名称	数量	清点
比亚迪秦 EV	1 辆	□清点	工位防护套装	1 套	□清点
数字式万用表	1 套	□清点	饰板拆装专用工具	1 套	□清点
道通 MS908E 汽车故障诊断仪	1 套	□清点	个人防护套装	2 套	□清点
万用接线盒	1 套	□清点			

（二）实施步骤

1. 工作任务

北汽新能源汽车 EV160 的一位车主反映，当空调制冷功能开启时，无论如何调节制冷强度、制冷出风量大小或切换各出风模式，均无制冷效果，导致车内空气无法有效降温，影响正常的驾驶体验。初步判断为空调不制冷故障，请你完成该故障的诊断与排除。

2. 故障原因分析

通过以上知识准备内容的学习，新能源汽车空调会因为一些原因造成不制冷，常见原因包括制冷剂不足造成空调不制冷、空调管路密封橡皮圈老化、冷凝器脏、空调翻板损坏、管道有水等。

3. 故障诊断

（1）空调压缩机故障。

若压缩机发生故障，则空调系统无法制冷。压缩机的控制模块电路如图 6-20 所示。

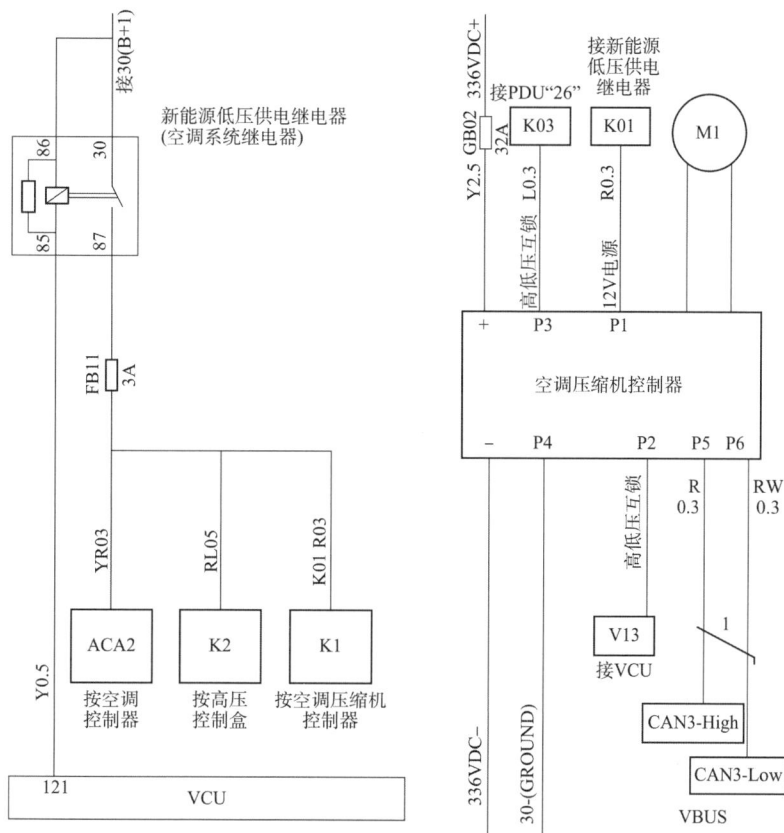

图 6-20　北汽新能源 EV160 空调压缩机控制模块电路图

步骤 1：空调系统继电器损坏。若继电器损坏，应检查空调系统继电器及其相关供电线路的好坏。

步骤 2：高压正极熔断丝 GB02 损坏。高压正极熔断丝 GB02 在高压控制盒当中，应检查高压正极熔断丝 GB02 是否熔断。

步骤 3：高低压互锁故障。压缩机 P3 到 PDU26 号脚和 P2 到 PDU23 号脚分别是压缩机的高低互锁线路，检查互锁线路的好坏。

步骤 4：CAN 通信故障。P5 和 P6 分别是 CAN-High 和 CAN-Low。应检查 CAN 通信线路的好坏。

步骤 5：压缩机、节流阀或膨胀阀元件故障。若出现故障，则更换元件。

（2）空调控制器故障。

步骤 1：环境温度传感器故障。当环境温度过低时，汽车空调不能启动，因此，空调无法制冷。

步骤 2：冷热转换电机故障。冷热转换电机控制温度控制风门，发生损坏时，冷热风门不能切换，因此，无法将冷风送入驾驶室内。应检查冷热转换电机相关线路，以及检查风门元

图 6-21　三重压力开关实物图及电路图

件是否损坏。

步骤 3：空调压力开关。此车型为三重压力开关，其外形及电路图如图 6-21 所示。三重压力开关由双重压力开关和中压开关组成，结构更加紧凑。三重压力开关安装在高压管路中。当压力过高或过低时，双重压力开关控制压缩机停止运转；当制冷剂压力达到某一中间值时，中压开关控制接通冷凝器风扇电路。若压力开关损坏，则压缩机无法正常工作，应及时更换。

步骤 4：CAN 通信故障。空调控制器由两组 CAN 通信，分别为 EBUS 和 VBUS。若通信线路故障，则空调制冷剂功能不能实现，应检查 CAN 通信线路的好坏。

（3）检查冷凝器，如过脏，需要清洗。

（4）检查冷媒是否充足，冷媒的损耗多是以泄漏为主，若是冷凝器泄漏，则需要更换冷凝器。

（5）检查皮带老化是否过松，如过松需要调整。

（6）检查空调翻板，如有损坏，需要修复或更换。

（7）检查管路是否有水，如有需要修复。

4. 故障排除

通过上述检查，确定故障部位进行修复或更换新部件排除故障。

5. 故障总结

无法制冷，是空调系统常见故障之一，通常的原因包括冷媒不足、空调压缩机故障等，然而对于部分新能源汽车来说，空调系统的工作方式和控制逻辑会与传统空调控制稍有不同，维修人员要及时更新知识，并且在检修故障时要更加严谨。

总之，新能源汽车的空调系统在功能、工作方式等方面，都与传统燃油汽车有所区别。检修相关故障时，需要了解工作逻辑，避免无效维修、车辆返厂和客户抱怨。

6. 现场 6S 整理

进行现场 6S 整理。

学习拓展

PTC 是一种直热式电阻材料，通电时将会产生热量，可供空调制热。早期的制热装置采用 PTC 发热条，直接将冷空气加热为热空气，再用风机吹出热气的方式。

现在的制热多采取水为介质，将水加热后送到空调风道的散热器，再经风机吹向车厢或风窗玻璃，用于提高车厢内温度和除去风窗玻璃的霜雾。新能源汽车空调制热通常采用以 PTC 热敏电阻元件为发热源的一种加热器。PTC 热敏电阻通常是用半导体材料制成的，它的电阻随温度变化而急剧变化。当外界温度降低时，PTC 电阻值随之减小，发热量反而相应增加。PTC 工作原理示意图如图 6-22 所示。

PTC 电阻是一种具有正温度敏感性的典型半导体电阻,它可作为发热元件,也可用作热敏开关,还可以用于检测温度,但是汽车上的温度传感器则用负温度系数的 NTC 材料。PTC 元件的温度与电阻的特性如图 6-23 所示。当对元件通电时,其电阻会随着温度的升高而呈现缓慢下降的趋势,也就是其常温下的发热量较低。吹出气体的温度最高可达 85℃,完全可满足空调制热的要求,如果高于 85℃,则 PTC 电阻变得极大,实际表现为自动停止工作。作为加热用的陶瓷 PTC 元件,具有自动恒温的特性可省去一套复杂的温控线路,而且其工作电压可高达 1000V,可直接由蓄电池的高压供电。

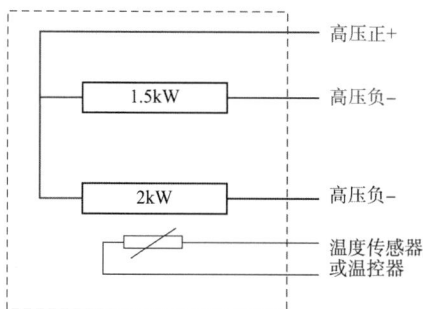

图 6-22 PTC 的工作原理示意图

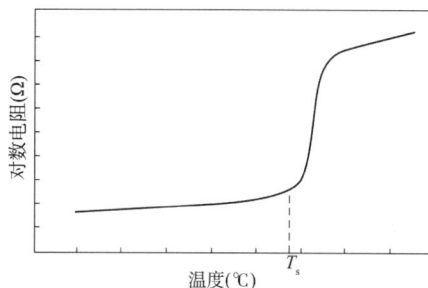

图 6-23 PTC 元件的温度-电阻特性曲线

空调制热系统的控制原理如图 6-24 所示,通过操作空调控制面板上的旋钮 A/C 开关,选择暖风挡位,此时,暖风选择控制信号会传递给 VCU,VCU 通过 CAN 通信将控制信息传递给 PTC 控制模块,由 PTC 控制模块驱动 PTC 电加热丝,通过 PTC 电阻加热元件产生的热量,使附近区域空气迅速升温,并结合不同的送风模式,送达指定的车厢区域。

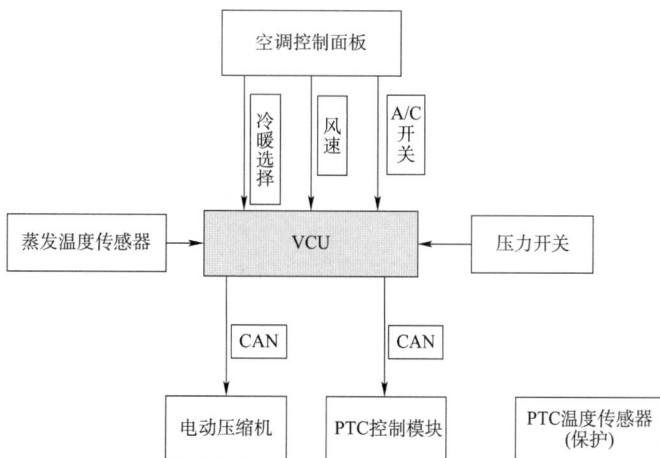

图 6-24 空调制热系统的控制原理

PTC 控制模块的工作原理如图 6-25 所示。输入开关信号给单片机逻辑判断电器,高压正极供电,单片机点亮状态指示灯和驱动 PTC1(1.5kW)或 PTC2(2kW)工作。此外,PTC 控制模块单片机接受 PTC 温度保护、过流保护、控制器温度保护、欠压过压保护信号,保护工作电路。

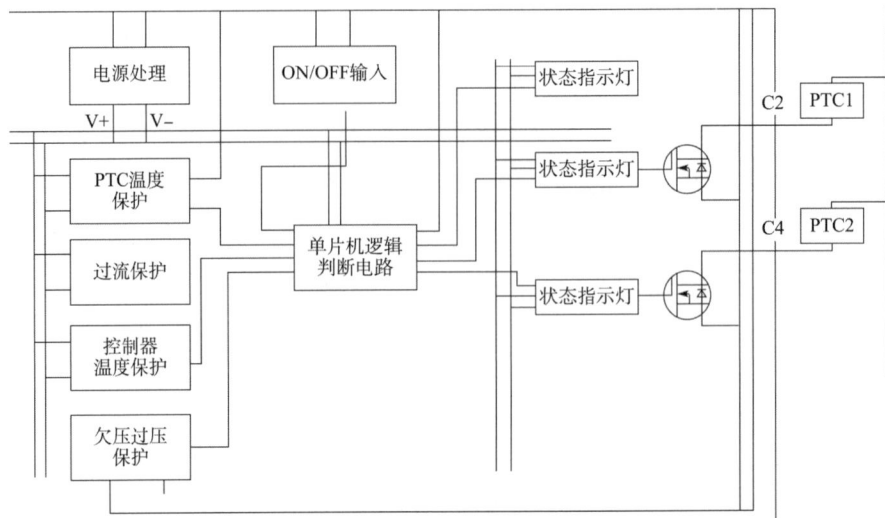

图 6-25　PTC 控制模块原理图

习题

一、填空题

1. 空调送风系统的作用是指经过_____或_____的空气通过特定的_____送到驾驶室内相应的位置。

2. 送风系统的组成主要由_____、_____、_____和_____等组成。

3. 汽车空调液晶显示屏从左到右,分别显示_____、_____、_____等。

4. 汽车空调风量共_____挡,从左到右依次增大,最小风量为_____挡。模式共_____种。

5. 空调制冷循环系统的组成,由_____、_____、_____、_____及管路组成。

6. 汽车空调压缩机内部工作分为_____、_____和_____等过程。

7. 冷凝器是用于将制冷剂所含的热量释放,并将_____由_____转变成_____的热交换器。

8. 膨胀阀的作用是使从冷凝器过来的_____液体制冷剂通过膨胀阀的节流降压成为容易蒸发的低温低压雾状制冷剂进入_____,即分开了制冷剂的_____和低压侧。

9. 空调系统故障包括_____、_____、_____、过热报警和_____。

10. 压缩机绝缘电阻值为_____。

二、判断题

1. 当外部环境恶劣时,尽量不要使用内循环模式。　　　　　　　　　　(　　)

2.汽车空调为内循环模式时,车内空气不断循环利用,时间长了空气品质不会下降。

（　　）

3.空调压缩机控制器将高压直流电转换成三相交流电而驱动空调压缩机。（　　）

4.在冷凝器出口,制冷剂处于高压低温液态。（　　）

5.冷凝风扇关闭条件为高低压开关断开或 A/C 请求信号关闭。（　　）

6.当环境温度大于 35℃时,才允许 PTC 控制器加热器工作。（　　）

7.压缩机绝缘电阻值为 30MΩ。（　　）

8.当汽车空调控制器输入电压低于 DC 220V 时,进入欠电压故障模式,控制器通过 CAN 信息将故障信息上传。（　　）

三、选择题

1.汽车空调液晶显示屏从左到右,分别显示(　　)等。

　A.风速挡位　　　　　B.出风模式　　　　　C.温度状态　　　　　D.循环模式

2.电动空调工作过程包括(　　)。

　A.压缩过程　　　　　B.散热过程　　　　　C.节流过程　　　　　D.吸热过程

3.空调系统故障包括(　　)。

　A.CAN 信故障　　　　　　　　　　B.电压故障

　C.过电压故障　　　　　　　　　　D.过热报警和过电流保护

4.新能源汽车空调不制冷原因包括(　　)。

　A.制冷剂不足　　　　　　　　　　B.电动空调压缩机故障

　C.空调翻板损坏　　　　　　　　　D.冷凝器脏

任务工单

项目一　新能源汽车故障诊断基础认知

任务1　新能源汽车维修安全操作

学生姓名		班级		学号	
实训场地		学时		日期	
客户任务	熟悉新能源汽车维修工具及检测设备配置,能够详细地介绍汽车自诊断系统与诊断仪的结构功能,并能按正确的操作规程车辆进行检查,熟悉各检修工具的正确操作和注意事项				
工作准备	(1)防护装备:常规实训着装。 (2)车辆、台架、总成:无。 (3)专用工具、设备:绝缘拆装工具、检测仪表、各车型故障诊断仪器。 (4)手工工具:无。 (5)辅助材料:无				
任务要求	(1)本操作任务主要完成该车故障的诊断与排除。 (2)能够正确使用维修工具				

资讯

请阅读教材中的"知识准备",完成以下内容。

(1)新能源汽车上防护的措施主要有哪些?

(2)简述高压维修的操作规程。

（3）简述高压互锁回路的目的。

（4）请简述数字式万用表通常具备什么检测功能。

计划和决策

请根据任务要求,确定所需要的场地和物品,并对小组成员进行合理分工,制订详细的工作计划。

1）准备工作

人员分工			
小组编号		组长	
小组成员		自己承担的任务	
准备场地和物品(检查并记录完成任务需要的场地、设备、工具及材料)			
场地	要求:检查工作场地是否清洁及存在安全隐患	□清洁 □不清洁 □安全 □存在隐患	处理记录:
车辆、充电桩、总成、工件	车辆: 充电桩: 其他:		
设备及工具	防护设备: 其他设备及工具:		
安全要求及注意事项	（1）实训汽车停在实训工位上,没有经过教师批准不可起动。经教师批准起动前,首先应先检查车轮的安全挡块是否放好,驻车制动器操纵杆是否放在 P 挡位置上(A/T),确认车前是否有人。 （2）禁止触碰任何带安全警示标识的部件。 （3）实训期间禁止嬉戏打闹		

2）制订工作方案

根据任务,进行小组讨论,确定工作方案(流程/工序)并记录。

实施和检查

根据制订的计划实施,完成以下任务并记录。

1)填写车辆基本信息

作业项目	作业内容	参考(记录)	完成情况评价
整车型号		吉利帝豪	
工作电压		346V	
蓄电池容量		150A·h	
车辆识别代码		VIN码	
电机型号		TZ220X503	
里程表读数		见仪表板显示	

2)故障诊断与排除过程

作业项目	作业内容				完成情况评价
故障现象确认	(1)"ON"挡(按压起动开关)记录现象: (2)"READY"挡(按压起动开关+踩下制动踏板)记录现象:				
模块通信状态及故障码检查	填写故障码及故障内容:				
正确读取数据	项目	数值	单位	判断	
清除故障码并再次读取	确认故障码是否再次出现,并填写结果	□无DTC			
		□有DTC,记录:			
确定故障范围	结合仪表现象、诊断数据和电路图分析,最有可能的故障范围记录:				
基本检查	线路/连接器外观及连接情况	□正常　□不正常			
	零件安装等	□正常　□不正常			
部件/电路测试	部件/线路范围	检查或测试后的判断结果			
	其他若干正确检测步骤	□正常　□不正常			
	关闭点火开关、断开蓄电池负极等,断开IP23插头,测量插座线路	□正常　□不正常			
	波形采集(不用者不填)	□正常　□不正常			
故障部位确认和排除	故障类型	确认的故障位置	排除处理说明		
	线路故障		□更换　□维修　□调整		
	元件故障		□更换　□维修　□调整		

评估

　　根据任务完成情况,学生自我评分,教师或指定组长过程巡视/验收检查时,若发现问题直接扣分。

<table>
<tr><td rowspan="4">基本信息</td><td>姓名</td><td></td><td>学号</td><td></td><td>班级</td><td></td><td>组别</td><td></td></tr>
<tr><td>规定时间</td><td></td><td>完成时间</td><td></td><td>考核日期</td><td></td><td>总评成绩</td><td></td></tr>
<tr><td>情境模拟</td><td colspan="7">认知新能源汽车检修工具和设备</td></tr>
<tr><td>考核方式</td><td colspan="7">分组进行,单人操作,小组成员与教师参与考评</td></tr>
<tr><td colspan="2">考核项目</td><td>评分标准</td><td colspan="4">教师和同学评判</td><td>分数(分)</td><td>得分(分)</td></tr>
<tr><td rowspan="8">态度</td><td>团队合作</td><td>是否和谐</td><td colspan="2">能和谐共事</td><td colspan="2">不能</td><td>1</td><td></td></tr>
<tr><td>拓展发言</td><td>是否精彩</td><td colspan="2">精彩</td><td colspan="2">不精彩</td><td>1</td><td></td></tr>
<tr><td>沟通讨论</td><td>是否积极</td><td colspan="2">积极</td><td colspan="2">不积极</td><td>1</td><td></td></tr>
<tr><td>设备安全</td><td>有无损坏</td><td colspan="2">无损坏</td><td colspan="2">有损坏</td><td>1</td><td></td></tr>
<tr><td>人身安全</td><td>有无损伤</td><td colspan="2">有</td><td colspan="2">无</td><td>2</td><td></td></tr>
<tr><td>生产纪律</td><td>是否守纪</td><td colspan="2">能遵守</td><td colspan="2">不能遵守</td><td>2</td><td></td></tr>
<tr><td>现场7S管理</td><td>是否做到</td><td colspan="2">能做到</td><td colspan="2">不能做到</td><td>2</td><td></td></tr>
<tr><td colspan="2"></td><td colspan="2"></td><td colspan="2"></td><td></td><td></td></tr>
<tr><td rowspan="7">实际操作</td><td>评估项目
(分值)</td><td>自我评估</td><td colspan="2">小组评估</td><td colspan="2">教师评估</td><td></td><td></td></tr>
<tr><td>资讯</td><td></td><td colspan="2"></td><td colspan="2"></td><td>10</td><td></td></tr>
<tr><td>计划和决策</td><td></td><td colspan="2"></td><td colspan="2"></td><td>10</td><td></td></tr>
<tr><td>实施和检查</td><td></td><td colspan="2"></td><td colspan="2"></td><td>40</td><td></td></tr>
<tr><td>工具使用</td><td>测试工具,检测设备等使用是否正确</td><td colspan="2">完全正确</td><td>基本正确</td><td>不正确</td><td>10</td><td></td></tr>
<tr><td>操作过程记录</td><td>操作过程记录是否完整</td><td colspan="2">完整</td><td>一般</td><td>没记录</td><td>10</td><td></td></tr>
<tr><td colspan="7">自我总结</td><td>10</td><td></td></tr>
<tr><td colspan="2" rowspan="2">教师点评</td><td colspan="7"></td></tr>
<tr><td colspan="7">签名:</td></tr>
</table>

任务2　解码器诊断接口无法通信故障与排除

学生姓名		班级		学号	
实训场地		学时		日期	
客户任务	新能源车辆起动时,发现仪表无任何显示,本着故障诊断流程从简到难的原则,首先使用诊断仪进行诊断,发现诊断仪与全车模块不能通信。现要求你依据所学相关知识对车辆做进一步诊断并排除故障,你能完成这个任务吗				
工作准备	(1)防护装备:防护用品一套(工作服、绝缘劳保鞋、护目镜、绝缘头盔、绝缘手套); (2)车辆、台架、总成:比亚迪秦EV或其他新能源汽车一辆; (3)专用工具、设备:拆装专用工具; (4)手工工具:新能源汽车维修组合工具; (5)辅助材料:高压维修警示牌和设备、绝缘地胶、二氧化碳灭火器、清洁剂				
任务要求	(1)本操作任务主要完成该车故障的诊断与排除; (2)能够正确使用维修工具				

📒 资讯

请阅读教材中的"知识准备",完成以下内容。

(1)请简述车载诊断系统故障诊断过程。

(2)请简述故障代码(DTC)的组成及含义。

(3)车辆的电气保护措施有哪些?

（4）如何通过断电检查判断故障？

计划和决策

请根据任务要求，确定所需要的场地和物品，并对小组成员进行合理分工，制订详细的工作计划。

1）准备工作

人员分工			
小组编号		组长	
小组成员		自己承担的任务	
准备场地和物品(检查并记录完成任务需要的场地、设备、工具及材料)			
场地	要求:检查工作场地是否清洁及存在安全隐患	□清洁　□不清洁 □安全 □存在隐患	处理记录:
车辆、充电桩、总成、工件	车辆: 充电桩: 其他:		
设备及工具	防护设备: 其他设备及工具:		
安全要求及注意事项	（1）实训车辆停在实训工位上，没有经过教师批准不可起动。经教师批准起动前，首先应先检查车轮的安全挡块是否放好，驻车制动器操纵杆是否放在P挡位置上（A/T），确认车前是否有人。 （2）禁止触碰任何带安全警示标识的部件。 （3）实训期间禁止嬉戏打闹		

2）制订工作方案

根据任务，进行小组讨论，确定工作方案(流程/工序)并记录。

实施和检查

根据制订的计划实施，完成以下任务并记录。

1）填写车辆基本信息

作业项目	作业内容	参考（记录）	完成情况评价
整车型号		吉利帝豪	
工作电压		346V	
蓄电池容量		150A·h	
车辆识别代码		VIN码	
电机型号		TZ220X503	
里程表读数		见仪表板显示	

2）故障诊断与排除过程

作业项目	作业内容				完成情况评价
故障现象确认	（1）"ON"挡（按压起动开关）记录现象： （2）"READY"挡（按压起动开关+踩下制动踏板）记录现象：				
模块通信状态及故障码检查	填写故障码及故障内容：				
正确读取数据	项目	数值	单位	判断	
清除故障码并再次读取	确认故障码是否再次出现，并填写结果	□无DTC □有DTC，记录：			
确定故障范围	结合仪表现象、诊断数据和电路图分析，最有可能的故障范围记录：				
基本检查	线路/连接器外观及连接情况	□正常　□不正常			
	零件安装等	□正常　□不正常			
部件/电路测试	部件/线路范围	检查或测试后的判断结果			
	其他若干正确检测步骤	□正常　□不正常			
	关闭点火开关、断开蓄电池负极等，断开IP23插头，测量插座线路	□正常　□不正常			
	波形采集（不用者不填）	□正常　□不正常			
故障部位确认和排除	故障类型	确认的故障位置	排除处理说明		
	线路故障		□更换　□维修　□调整		
	元件故障		□更换　□维修　□调整		

评估

根据任务完成情况,学生自我评分,教师或指定组长过程巡视/验收检查时,若发现问题直接扣分。

基本信息	姓名		学号		班级		组别	
	规定时间		完成时间		考核日期		总评成绩	
	情境模拟	解码器诊断接口无法通信的故障诊断与排除						
	考核方式	分组进行,单人操作,小组成员与教师参与考评						

	考核项目	评分标准	教师和同学评判		分数(分)	得分(分)
态度	团队合作	是否和谐	能和谐共事	不能	1	
	拓展发言	是否精彩	精彩	不精彩	1	
	沟通讨论	是否积极	积极	不积极	1	
	设备安全	有无损坏	无损坏	有损坏	1	
	人身安全	有无损伤	有	无	2	
	生产纪律	是否守纪	能遵守	不能遵守	2	
	现场7S管理	是否做到	能做到	不能做到	2	
实际操作	评估项目(分值)	自我评估	小组评估	教师评估		
	资讯				10	
	计划和决策				10	
	实施和检查				40	
	工具使用	测试工具,检测设备等使用是否正确	完全正确	基本正确	不正确	10	
	操作过程记录	操作过程记录是否完整	完整	一般	没记录	10	
自我总结					10	
教师点评						
	签名:					

项目二 动力蓄电池管理系统故障诊断与排除

任务1 动力蓄电池热管理系统故障诊断与排除

学生姓名		班级		学号	
实训场地		学时		日期	
客户任务					
工作准备					
任务要求					

客户任务	某纯电动汽车,当打开点火开关时,仪表"OK"灯不亮,仪表显示"请检查动力系统"同时动力蓄电池温度高报警指示灯亮,冷却风扇不转动。结合前面学习内容,请完成此故障诊断并排除任务
工作准备	(1)防护装备:防护用品一套(工作服、绝缘劳保鞋、护目镜、绝缘头盔、绝缘手套); (2)车辆、台架、总成:比亚迪秦 EV 或其他纯电动车一辆; (3)专用工具、设备:拆装专用工具; (4)手工工具:新能源汽车维修组合工具; (5)辅助材料:高压维修警示牌和设备、绝缘地胶、二氧化碳灭火器、清洁剂
任务要求	(1)本操作任务主要完成该车故障的诊断与排除; (2)能够正确使用维修工具

资讯

请阅读教材中的"知识准备",完成以下内容。

(1)动力蓄电池系统包括哪些基本功能?

(2)请简述散热系统的结构。

（3）请简述冷却风扇的参数。

计划和决策

请根据任务要求,确定所需要的场地和物品,并对小组成员进行合理分工,制订详细的工作计划。

1）准备工作

人员分工			
小组编号		组长	
小组成员		自己承担的任务	
准备场地和物品（检查并记录完成任务需要的场地、设备、工具及材料）			
场地	要求:检查工作场地是否清洁及存在安全隐患	□清洁　□不清洁 □安全 □存在隐患	处理记录:
车辆、充电桩、总成、工件	车辆: 充电桩: 其他:		
设备及工具	防护设备: 其他设备及工具:		
安全要求及注意事项	（1）实训车辆停在实训工位上,没有经过教师批准不可起动。经教师批准起动前,首先应先检查车轮的安全挡块是否放好,驻车制动器操纵杆是否放在 P 挡位置上（A/T）,确认车前是否有人。 （2）禁止触碰任何带安全警示标识的部件。 （3）实训期间禁止嬉戏打闹		

2）制订工作方案

根据任务,进行小组讨论,确定工作方案（流程/工序）并记录。

实施和检查

根据制订的计划实施,完成以下任务并记录。

1）填写车辆基本信息

作业项目	作业内容	参考（记录）	完成情况评价
整车型号		吉利帝豪	
工作电压		346V	
蓄电池容量		150A·h	
车辆识别代码		VIN 码	
电机型号		TZ220X503	
里程表读数		见仪表板显示	

2）故障诊断与排除过程

作业项目	作业内容				完成情况评价
故障现象确认	(1)"ON"挡(按压起动开关)记录现象： (2)"READY"挡(按压起动开关＋踩下制动踏板)记录现象：				
模块通信状态及故障码检查	填写故障码及故障内容：				
正确读取数据	项目	数值	单位	判断	
清除故障码并再次读取	确认故障码是否再次出现,并填写结果	□无 DTC □有 DTC,记录：			
确定故障范围	结合仪表现象、诊断数据和电路图分析,最有可能的故障范围记录：				
基本检查	线路/连接器外观及连接情况	□正常　□不正常			
	零件安装等	□正常　□不正常			
部件/电路测试	部件/线路范围	检查或测试后的判断结果			
	其他若干正确检测步骤	□正常　□不正常			
	关闭点火开关、断开蓄电池负极等,断开 IP23 插头,测量插座线路	□正常　□不正常			
	波形采集(不用者不填)	□正常　□不正常			
故障部位确认和排除	故障类型	确认的故障位置	排除处理说明		
	线路故障	□更换　□维修　□调整			
	元件故障	□更换　□维修　□调整			

评估

根据任务完成情况,学生自我评分,教师或指定组长过程巡视/验收检查时,若发现问题直接扣分。

基本信息	姓名		学号		班级		组别	
	规定时间		完成时间		考核日期		总评成绩	
	情境模拟	动力蓄电池温度高报警指示灯亮,冷却风扇不转故障诊断排除						
	考核方式	分组进行,单人操作,小组成员与教师参与考评						
	考核项目	评分标准	教师和同学评判				分数(分)	得分(分)
态度	团队合作	是否和谐	能和谐共事		不能		1	
	拓展发言	是否精彩	精彩		不精彩		1	
	沟通讨论	是否积极	积极		不积极		1	
	设备安全	有无损坏	无损坏		有损坏		1	
	人身安全	有无损伤	有		无		2	
	生产纪律	是否守纪	能遵守		不能遵守		2	
	现场7S管理	是否做到	能做到		不能做到		2	
实际操作	评估项目(分值)	自我评估	小组评估		教师评估			
	资讯						10	
	计划和决策						10	
	实施和检查						40	
	工具使用	测试工具,检测设备等使用是否正确	完全正确	基本正确		不正确	10	
	操作过程记录	操作过程记录是否完整	完整	一般		没记录	10	
自我总结							10	
教师点评	签名:							

任务2　动力蓄电池的管理系统电路故障诊断与排除

学生姓名		班级		学号	
实训场地		学时		日期	
客户任务	一位比亚迪秦 EV 车主反映,按下点火开关,起动车辆无法上高压电,仪表"OK"指示灯不亮,提醒"EV 功能受限"故障。请问接下来该如何排查故障呢				
工作准备	(1)防护装备:防护用品一套(工作服、绝缘劳保鞋、护目镜、绝缘头盔、绝缘手套); (2)车辆、台架、总成:比亚迪秦 EV 或其他纯电动车一辆; (3)专用工具、设备:拆装专用工具; (4)手工工具:新能源汽车维修组合工具; (5)辅助材料:高压维修警示牌和设备、绝缘地胶、二氧化碳灭火器、清洁剂				
任务要求	(1)本操作任务主要完成该车故障的诊断与排除; (2)能够正确使用维修工具				

📓 资讯

请阅读教材中的"知识准备",完成以下内容。
(1)请简述接触器的工作原理。

(2)请简述接触器在电路中的作用。

(3)请简要蓄电池子网数据异常处理步骤。

计划和决策

请根据任务要求,确定所需要的场地和物品,并对小组成员进行合理分工,制订详细的工作计划。

1)准备工作

人员分工			
小组编号		组长	
小组成员		自己承担的任务	
准备场地和物品(检查并记录完成任务需要的场地、设备、工具及材料)			
场地	要求:检查工作场地是否清洁及存在安全隐患	□清洁　□不清洁 □安全 □存在隐患	处理记录:
车辆、充电桩、总成、工件	车辆: 充电桩: 其他:		
设备及工具	防护设备: 其他设备及工具:		
安全要求及注意事项	(1)实训车辆停在实训工位上,没有经过教师批准不可起动。经教师批准起动前,首先应先检查车轮的安全挡块是否放好,驻车制动器操纵杆是否放在 P 挡位置上(A/T),确认车前是否有人。 (2)禁止触碰任何带安全警示标识的部件。 (3)实训期间禁止嬉戏打闹		

2)制订工作方案

根据任务,进行小组讨论,确定工作方案(流程/工序)并记录。

实施和检查

根据制订的计划实施,完成以下任务并记录。

1)填写车辆基本信息

作业项目	作业内容	参考(记录)	完成情况评价
整车型号		吉利帝豪	
工作电压		346V	

续上表

作业项目	作业内容	参考(记录)	完成情况评价
蓄电池容量		150A·h	
车辆识别代码		VIN码	
电机型号		TZ220X503	
里程表读数		见仪表板显示	

2)故障诊断与排除过程

作业项目	作业内容				完成情况评价
故障现象确认	(1)"ON"挡(按压起动开关)记录现象: (2)"READY"挡(按压起动开关+踩下制动踏板)记录现象:				
模块通信状态及故障码检查	填写故障码及故障内容:				
正确读取数据	项目	数值	单位	判断	
清除故障码并再次读取	确认故障码是否再次出现,并填写结果	□无 DTC □有 DTC,记录:			
确定故障范围	结合仪表现象、诊断数据和电路图分析,最有可能的故障范围记录:				
基本检查	线路/连接器外观及连接情况	□正常 □不正常			
	零件安装等	□正常 □不正常			
部件/电路测试	部件/线路范围	检查或测试后的判断结果			
	其他若干正确检测步骤	□正常 □不正常			
	关闭点火开关、断开蓄电池负极等,断开 IP23 插头,测量插座线路	□正常 □不正常			
	波形采集(不用者不填)	□正常 □不正常			
故障部位确认和排除	故障类型	确认的故障位置	排除处理说明		
	线路故障		□更换 □维修 □调整		
	元件故障		□更换 □维修 □调整		

📒 评估

根据任务完成情况,学生自我评分,教师或指定组长过程巡视/验收检查时,若发现问题直接扣分。

基本信息	姓名		学号		班级		组别	
	规定时间		完成时间		考核日期		总评成绩	
	情境模拟	电动汽车功能受限的故障诊断与排除						
	考核方式	分组进行,单人操作,小组成员与教师参与考评						

	考核项目	评分标准	教师和同学评判			分数(分)	得分(分)
态度	团队合作	是否和谐	能和谐共事		不能	1	
	拓展发言	是否精彩	精彩		不精彩	1	
	沟通讨论	是否积极	积极		不积极	1	
	设备安全	有无损坏	无损坏		有损坏	1	
	人身安全	有无损伤	有		无	2	
	生产纪律	是否守纪	能遵守		不能遵守	2	
	现场7S管理	是否做到	能做到		不能做到	2	
实际操作	评估项目(分值)	自我评估	小组评估		教师评估		
	资讯					10	
	计划和决策					10	
	实施和检查					40	
	工具使用	测试工具,检测设备等使用是否正确	完全正确	基本正确	不正确	10	
	操作过程记录	操作过程记录是否完整	完整	一般	没记录	10	
自我总结						10	
教师点评							
	签名:						

项目三　驱动电机及控制系统故障诊断与排除

任务1　驱动电机旋变传感器信号故障诊断与排除

学生姓名		班级		学号	
实训场地		学时		日期	
客户任务	一辆电动汽车的仪表故障指示灯点亮,同时车辆失去动力不能行驶。经初步判断可能是驱动系统存在故障,现要求你依据所学相关知识对车辆作进一步诊断并排除故障,你能完成这个任务吗				
工作准备	(1)防护装备:防护用品一套(工作服、绝缘劳保鞋、护目镜、绝缘头盔、绝缘手套); (2)车辆、台架、总成:比亚迪秦 EV 或其他新能源汽车一辆; (3)专用工具、设备:拆装专用工具; (4)手工工具:新能源汽车维修组合工具; (5)辅助材料:高压维修警示牌和设备、绝缘地胶、二氧化碳灭火器、清洁剂				
任务要求	(1)本操作任务主要完成该车故障的诊断与排除; (2)能够正确使用维修工具				

资讯

请阅读教材中的"知识准备",完成以下内容。

(1)简述驱动系统的组成。

(2)说明永磁同步电机各主要部件的安装位置和作用。

（3）说明旋变传感器的作用。

（4）简述旋变传感器与电机控制器之间的关系。

计划和决策

请根据任务要求,确定所需要的场地和物品,并对小组成员进行合理分工,制订详细的工作计划。

1）准备工作

<table>
<tr><td colspan="4" align="center">人员分工</td></tr>
<tr><td>小组编号</td><td></td><td>组长</td><td></td></tr>
<tr><td>小组成员</td><td></td><td>自己承担的任务</td><td></td></tr>
<tr><td colspan="4" align="center">准备场地和物品(检查并记录完成任务需要的场地、设备、工具及材料)</td></tr>
<tr><td>场地</td><td>要求:检查工作场地是否清洁及存在安全隐患</td><td>□清洁 □不清洁
□安全
□存在隐患</td><td>处理记录:</td></tr>
<tr><td>车辆、充电桩、总成、工件</td><td colspan="3">车辆:
充电桩:
其他:</td></tr>
<tr><td>设备及工具</td><td colspan="3">防护设备:
其他设备及工具:</td></tr>
<tr><td>安全要求及注意事项</td><td colspan="3">(1)实训车辆停在实训工位上,没有经过教师批准不可起动。经教师批准起动前,首先应先检查车轮的安全挡块是否放好,驻车制动器操纵杆是否放在 P 挡位置上(A/T),确认车前是否有人。
(2)禁止触碰任何带安全警示标识的部件。
(3)实训期间禁止嬉戏打闹</td></tr>
</table>

2）制订工作方案

根据任务,进行小组讨论,确定工作方案(流程/工序)并记录。

实施和检查

根据制订的计划实施,完成以下任务并记录。

1) 填写车辆基本信息

作业项目	作业内容	参考(记录)	完成情况评价
整车型号		吉利帝豪	
工作电压		346V	
蓄电池容量		150A·h	
车辆识别代码		VIN码	
电机型号		TZ220X503	
里程表读数		见仪表板显示	

2) 故障诊断与排除过程

作业项目	作业内容				完成情况评价
故障现象确认	(1) "ON"挡(按压起动开关)记录现象: (2) "READY"挡(按压起动开关+踩下制动踏板)记录现象:				
模块通信状态及故障码检查	填写故障码及故障内容:				
正确读取数据	项目	数值	单位	判断	
清除故障码并再次读取	确认故障码是否再次出现,并填写结果	□无DTC □有DTC,记录:			
确定故障范围	结合仪表现象、诊断数据和电路图分析,最有可能的故障范围记录:				
基本检查	线路/连接器外观及连接情况	□正常 □不正常			
	零件安装等	□正常 □不正常			
部件/电路测试	部件/线路范围	检查或测试后的判断结果			
	其他若干正确检测步骤	□正常 □不正常			
	关闭点火开关、断开低压蓄电池负极等,断开IP23插头,测量插座线路	□正常 □不正常			
	波形采集(不用者不填)	□正常 □不正常			
故障部位确认和排除	故障类型	确认的故障位置	排除处理说明		
	线路故障	□更换 □维修 □调整			
	元件故障	□更换 □维修 □调整			

评估

根据任务完成情况,学生自我评分,教师或指定组长过程巡视/验收检查时,若发现问题直接扣分。

基本信息	姓名		学号		班级		组别	
	规定时间		完成时间		考核日期		总评成绩	
	情境模拟	电机旋变信号的故障诊断与排除						
	考核方式	分组进行,单人操作,小组成员与教师参与考评						

	考核项目	评分标准	教师和同学评判		分数(分)	得分(分)
态度	团队合作	是否和谐	能和谐共事	不能	1	
	拓展发言	是否精彩	精彩	不精彩	1	
	沟通讨论	是否积极	积极	不积极	1	
	设备安全	有无损坏	无损坏	有损坏	1	
	人身安全	有无损伤	有	无	2	
	生产纪律	是否守纪	能遵守	不能遵守	2	
	现场7S管理	是否做到	能做到	不能做到	2	
实际操作	评估项目(分值)	自我评估	小组评估	教师评估		
	资讯				10	
	计划和决策				10	
	实施和检查				40	
	工具使用	测试工具,检测设备等使用是否正确	完全正确	基本正确	不正确	10	
	操作过程记录	操作过程记录是否完整	完整	一般	没记录	10	
自我总结					10	
教师点评						
	签名:					

任务2 驱动电机控制器故障诊断与排除

学生姓名		班级		学号	
实训场地		学时		日期	
客户任务	一辆比亚迪秦 EV,遥控钥匙随车主进入车内,车主踩下制动踏板,按下起动按钮,仪表"OK"指示灯不亮,车辆无法正常起动。车主将车送至汽车维修站点,请问接下来该如何排查故障呢				
工作准备	(1)防护装备:防护用品一套(工作服、绝缘劳保鞋、护目镜、绝缘头盔、绝缘手套); (2)车辆、台架、总成:比亚迪秦 EV 或其他纯电动车一辆; (3)专用工具、设备:拆装专用工具; (4)手工工具:新能源汽车维修组合工具; (5)辅助材料:高压维修警示牌和设备、绝缘地胶、二氧化碳灭火器、清洁剂				
任务要求	(1)本操作任务主要完成该车故障的诊断与排除; (2)能够正确使用维修工具				

资讯

请阅读教材中的"知识准备",完成以下内容。

(1)电机控制器的功能是什么?

(2)电机控制器的工作原理是什么?

(3)说明驱动电机控制器更换流程。

📔 计划和决策

请根据任务要求,确定所需要的场地和物品,并对小组成员进行合理分工,制订详细的工作计划。

1)准备工作

人员分工			
小组编号		组长	
小组成员		自己承担的任务	
准备场地和物品(检查并记录完成任务需要的场地、设备、工具及材料)			
场地	要求:检查工作场地是否清洁及存在安全隐患	□清洁　□不清洁 □安全 □存在隐患	处理记录:
车辆、充电桩、总成、工件	车辆: 充电桩: 其他:		
设备及工具	防护设备: 其他设备及工具:		
安全要求及注意事项	(1)实训车辆停在实训工位上,没有经过教师批准不可起动。经教师批准起动前,首先应先检查车轮的安全挡块是否放好,驻车制动器操纵杆是否放在 P 挡位置上(A/T),确认车前是否有人。 (2)禁止触碰任何带安全警示标识的部件。 (3)实训期间禁止嬉戏打闹		

2)制订工作方案

根据任务,进行小组讨论,确定工作方案(流程/工序)并记录。

📔 实施和检查

根据制订的计划实施,完成以下任务并记录。

1)填写车辆基本信息

作业项目	作业内容	参考(记录)	完成情况评价
整车型号		吉利帝豪	
工作电压		346V	
蓄电池容量		150A·h	

续上表

作业项目	作业内容	参考(记录)	完成情况评价
车辆识别代码		VIN 码	
电机型号		TZ220X503	
里程表读数		见仪表板显示	

2）故障诊断与排除过程

作业项目	作业内容				完成情况评价
故障现象确认	(1)"ON"挡(按压起动开关)记录现象： (2)"READY"挡(按压起动开关＋踩下制动踏板)记录现象：				
模块通信状态 及故障码检查	填写故障码及故障内容：				
正确读取数据	项目	数值	单位	判断	
清除故障码 并再次读取	确认故障码是否再次出现，并填写 结果	□无 DTC □有 DTC，记录：			
确定故障范围	结合仪表现象、诊断数据和电路图分析，最有可能的故障范围记录：				
基本检查	线路/连接器外观及连接情况	□正常　□不正常			
	零件安装等	□正常　□不正常			
部件/电路测试	部件/线路范围	检查或测试后的判断结果			
	其他若干正确检测步骤	□正常　□不正常			
	关闭点火开关、断开蓄电池负极等， 断开 IP23 插头，测量插座线路	□正常　□不正常			
	波形采集(不用者不填)	□正常　□不正常			
故障部位确认 和排除	故障类型	确认的故障位置	排除处理说明		
	线路故障		□更换　□维修　□调整		
	元件故障		□更换　□维修　□调整		

评估

根据任务完成情况，学生自我评分，教师或指定组长过程巡视/验收检查时，若发现问题直接扣分。

基本信息	姓名		学号		班级		组别	
	规定时间		完成时间		考核日期		总评成绩	
	情境模拟	驱动电机控制器的电路故障诊断与排除						
	考核方式	分组进行,单人操作,小组成员与教师参与考评						
	考核项目	评分标准	教师和同学评判			分数(分)	得分(分)	
态度	团队合作	是否和谐	能和谐共事		不能	1		
	拓展发言	是否精彩	精彩		不精彩	1		
	沟通讨论	是否积极	积极		不积极	1		
	设备安全	有无损坏	无损坏		有损坏	1		
	人身安全	有无损伤	有		无	2		
	生产纪律	是否守纪	能遵守		不能遵守	2		
	现场7S管理	是否做到	能做到		不能做到	2		
实际操作	评估项目(分值)	自我评估	小组评估		教师评估			
	资讯					10		
	计划和决策					10		
	实施和检查					40		
	工具使用	测试工具,检测设备等使用是否正确	完全正确	基本正确	不正确	10		
	操作过程记录	操作过程记录是否完整	完整	一般	没记录	10		
自我总结						10		
教师点评								
	签名:							

项目四　智能钥匙系统故障诊断与排除

任务1　智能钥匙系统解锁无反应故障诊断与排除

学生姓名		班级		学号	
实训场地		学时		日期	
客户任务	一辆比亚迪秦 EV,遥控钥匙已随车主进入车内,车主踩下制动踏板,按下起动按钮,仪表"OK"指示灯不亮,车辆无法正常起动。车主将车送至汽车维修站点,请问接下来该如何排查故障呢				
工作准备	(1)防护装备:防护用品一套(工作服、绝缘劳保鞋、护目镜、绝缘头盔、绝缘手套); (2)车辆、台架、总成:比亚迪秦 EV 或其他纯电动车一辆; (3)专用工具、设备:拆装专用工具; (4)手工工具:新能源汽车维修组合工具; (5)辅助材料:高压维修警示牌和设备、绝缘地胶、二氧化碳灭火器、清洁剂				
任务要求	(1)本操作任务主要完成该车故障的诊断与排除; (2)能够正确使用维修工具				

资讯

请阅读教材中的"知识准备",完成以下内容。

(1)请简述比亚迪秦 EV 车型中控门锁的主要特点。

(2)请简述比亚迪秦 EV 车型中控门锁的功能。

(3)请简述中控门锁的功能原理。

计划和决策

请根据任务要求,确定所需要的场地和物品,并对小组成员进行合理分工,制订详细的工作计划。

1)准备工作

人员分工		
小组编号		组长	
小组成员		自己承担的任务	
准备场地和物品(检查并记录完成任务需要的场地、设备、工具及材料)		
场地	要求:检查工作场地是否清洁及存在安全隐患	□清洁 □不清洁 □安全 □存在隐患	处理记录:
车辆、充电桩、总成、工件	车辆: 充电桩: 其他:		
设备及工具	防护设备: 其他设备及工具:		
安全要求及注意事项	(1)实训车辆停在实训工位上,没有经过教师批准不可起动。经教师批准起动前,首先应先检查车轮的安全挡块是否放好,驻车制动器操纵杆是否放在P挡位置上(A/T),确认车前是否有人。 (2)禁止触碰任何带安全警示标识的部件。 (3)实训期间禁止嬉戏打闹		

2)制订工作方案

根据任务,进行小组讨论,确定工作方案(流程/工序)并记录。

实施和检查

根据制订的计划实施,完成以下任务并记录。

1) 填写车辆基本信息

作业项目	作业内容	参考(记录)	完成情况评价
整车型号		吉利帝豪	
工作电压		346V	
蓄电池容量		150A·h	
车辆识别代码		VIN 码	
电机型号		TZ220X503	
里程表读数		见仪表板显示	

2) 故障诊断与排除过程

作业项目	作业内容				完成情况评价
故障现象确认	(1)"ON"挡(按压起动开关)记录现象: (2)"READY"挡(按压起动开关+踩下制动踏板)记录现象:				
模块通信状态及故障码检查	填写故障码及故障内容:				
正确读取数据	项目	数值	单位	判断	
清除故障码并再次读取	确认故障码是否再次出现,并填写结果	□无 DTC □有 DTC,记录:			
确定故障范围	结合仪表现象、诊断数据和电路图分析,最有可能的故障范围记录:				
基本检查	线路/连接器外观及连接情况	□正常　□不正常			
	零件安装等	□正常　□不正常			
部件/电路测试	部件/线路范围	检查或测试后的判断结果			
	其他若干正确检测步骤	□正常　□不正常			
	关闭点火开关、断开低压蓄电池负极等,断开 IP23 插头,测量插座线路	□正常　□不正常			
	波形采集(不用者不填)	□正常　□不正常			
故障部位确认和排除	故障类型	确认的故障位置	排除处理说明		
	线路故障		□更换　□维修　□调整		
	元件故障		□更换　□维修　□调整		

评估

根据任务完成情况,学生自我评分,教师或指定组长过程巡视/验收检查时,若发现问题直接扣分。

<table>
<tr><td rowspan="5">基本信息</td><td>姓名</td><td></td><td>学号</td><td></td><td colspan="2">班级</td><td></td><td>组别</td><td></td></tr>
<tr><td>规定时间</td><td></td><td>完成时间</td><td></td><td colspan="2">考核日期</td><td></td><td>总评成绩</td><td></td></tr>
<tr><td>情境模拟</td><td colspan="8">系统解锁无反应的故障诊断与排除</td></tr>
<tr><td>考核方式</td><td colspan="8">分组进行,单人操作,小组成员与教师参与考评</td></tr>
<tr><td colspan="2">考核项目</td><td>评分标准</td><td colspan="4">教师和同学评判</td><td>分数(分)</td><td>得分(分)</td></tr>
<tr><td rowspan="7">态度</td><td>团队合作</td><td>是否和谐</td><td colspan="2">能和谐共事</td><td colspan="2">不能</td><td>1</td><td></td></tr>
<tr><td>拓展发言</td><td>是否精彩</td><td colspan="2">精彩</td><td colspan="2">不精彩</td><td>1</td><td></td></tr>
<tr><td>沟通讨论</td><td>是否积极</td><td colspan="2">积极</td><td colspan="2">不积极</td><td>1</td><td></td></tr>
<tr><td>设备安全</td><td>有无损坏</td><td colspan="2">无损坏</td><td colspan="2">有损坏</td><td>1</td><td></td></tr>
<tr><td>人身安全</td><td>有无损伤</td><td colspan="2">有</td><td colspan="2">无</td><td>2</td><td></td></tr>
<tr><td>生产纪律</td><td>是否守纪</td><td colspan="2">能遵守</td><td colspan="2">不能遵守</td><td>2</td><td></td></tr>
<tr><td>现场7S管理</td><td>是否做到</td><td colspan="2">能做到</td><td colspan="2">不能做到</td><td>2</td><td></td></tr>
<tr><td rowspan="6">实际操作</td><td>评估项目(分值)</td><td>自我评估</td><td colspan="2">小组评估</td><td colspan="2">教师评估</td><td></td><td></td></tr>
<tr><td>资讯</td><td></td><td colspan="2"></td><td colspan="2"></td><td>10</td><td></td></tr>
<tr><td>计划和决策</td><td></td><td colspan="2"></td><td colspan="2"></td><td>10</td><td></td></tr>
<tr><td>实施和检查</td><td></td><td colspan="2"></td><td colspan="2"></td><td>40</td><td></td></tr>
<tr><td>工具使用</td><td>测试工具,检测设备等使用是否正确</td><td colspan="2">完全正确</td><td>基本正确</td><td>不正确</td><td>10</td><td></td></tr>
<tr><td>操作过程记录</td><td>操作过程记录是否完整</td><td colspan="2">完整</td><td>一般</td><td>没记录</td><td>10</td><td></td></tr>
<tr><td colspan="2">自我总结</td><td colspan="6"></td><td>10</td><td></td></tr>
<tr><td colspan="2">教师点评</td><td colspan="8">签名:</td></tr>
</table>

任务2 一键起动系统的故障诊断与排除

学生姓名		班级		学号	
实训场地		学时		日期	
客户任务	一辆比亚迪秦EV,遥控钥匙已随车主进入车内,车主踩下制动踏板,按下起动按钮,仪表"OK"指示灯不亮,车辆无法正常起动。车主将车送至汽车维修站点,请你完成一键起动无反应故障诊断与排除的任务				
工作准备	(1)防护装备:防护用品一套(工作服、绝缘劳保鞋、护目镜、绝缘头盔、绝缘手套); (2)车辆、台架、总成:比亚迪秦EV或其他纯电动汽车一辆; (3)专用工具、设备:拆装专用工具; (4)手工工具:新能源汽车维修组合工具; (5)辅助材料:高压维修警示牌和设备、绝缘地胶、二氧化碳灭火器、清洁剂				
任务要求	(1)本操作任务主要完成该车故障的诊断与排除; (2)能够正确使用维修工具				

📓 资讯

请阅读教材中的"知识准备",完成以下内容。

(1)请简述智能钥匙系统的组成。

(2)请简述智能钥匙系统起动步骤。

(3)请简述一键起动系统工作原理中的信号传输。

计划和决策

请根据任务要求,确定所需要的场地和物品,并对小组成员进行合理分工,制订详细的工作计划。

1)准备工作

人员分工			
小组编号		组长	
小组成员		自己承担的任务	
准备场地和物品(检查并记录完成任务需要的场地、设备、工具及材料)			
场地	要求:检查工作场地是否清洁及存在安全隐患	□清洁 □不清洁 □安全 □存在隐患	处理记录:
车辆、充电桩、总成、工件	车辆: 充电桩: 其他:		
设备及工具	防护设备: 其他设备及工具:		
安全要求及注意事项	(1)实训车辆停在实训工位上,没有经过教师批准不可起动。经教师批准起动前,首先应先检查车轮的安全挡块是否放好,驻车制动器操纵杆是否放在P挡位置上(A/T),确认车前是否有人。 (2)禁止触碰任何带安全警示标识的部件。 (3)实训期间禁止嬉戏打闹		

2)制订工作方案

根据任务,进行小组讨论,确定工作方案(流程/工序)并记录。

实施和检查

根据制订的计划实施,完成以下任务并记录。

1)填写车辆基本信息

作业项目	作业内容	参考(记录)	完成情况评价
整车型号		吉利帝豪	
工作电压		346 V	

续上表

作业项目	作业内容	参考(记录)	完成情况评价
蓄电池容量		150A·h	
车辆识别代码		VIN 码	
电机型号		TZ220X503	
里程表读数		见仪表板显示	

2)故障诊断与排除过程

作业项目	作业内容				完成情况评价
故障现象确认	(1)"ON"挡(按压起动开关)记录现象: (2)"READY"挡(按压起动开关+踩下制动踏板)记录现象:				
模块通信状态及故障码检查	填写故障码及故障内容:				
正确读取数据	项目	数值	单位	判断	
清除故障码并再次读取	确认故障码是否再次出现,并填写结果	□无 DTC □有 DTC,记录:			
确定故障范围	结合仪表现象、诊断数据和电路图分析,最有可能的故障范围记录:				
基本检查	线路/连接器外观及连接情况	□正常　□不正常			
	零件安装等	□正常　□不正常			
部件/电路测试	部件/线路范围	检查或测试后的判断结果			
	其他若干正确检测步骤	□正常　□不正常			
	关闭点火开关、断开蓄电池负极等,断开 IP23 插头,测量插座线路	□正常　□不正常			
	波形采集(不用者不填)	□正常　□不正常			
故障部位确认和排除	故障类型	确认的故障位置	排除处理说明		
	线路故障		□更换　□维修　□调整		
	元件故障		□更换　□维修　□调整		

📓 评估

　　根据任务完成情况,学生自我评分,教师或指定组长过程巡视/验收检查时,若发现问题直接扣分。

基本信息	姓名		学号		班级		组别	
	规定时间		完成时间		考核日期		总评成绩	
	情境模拟	一键起动仪表无反应的故障诊断与排除						
	考核方式	分组进行，单人操作，小组成员与教师参与考评						

	考核项目	评分标准	教师和同学评判		分数（分）	得分（分）
态度	团队合作	是否和谐	能和谐共事	不能	1	
	拓展发言	是否精彩	精彩	不精彩	1	
	沟通讨论	是否积极	积极	不积极	1	
	设备安全	有无损坏	无损坏	有损坏	1	
	人身安全	有无损伤	有	无	2	
	生产纪律	是否守纪	能遵守	不能遵守	2	
	现场7S管理	是否做到	能做到	不能做到	2	
实际操作	评估项目（分值）	自我评估	小组评估		教师评估	
	资讯					10
	计划和决策					10
	实施和检查					40
	工具使用	测试工具,检测设备等使用是否正确	完全正确	基本正确	不正确	10
	操作过程记录	操作过程记录是否完整	完整	一般	没记录	10
自我总结						10
教师点评	签名：					

项目五　充电系统故障诊断与排除

任务1　慢充不充电故障诊断与排除

学生姓名		班级		学号	
实训场地		学时		日期	
客户任务	一辆比亚迪秦 EV 纯电动汽车,驾驶人上车起动车辆,仪表"Ready"指示灯正常点亮。下高压电并连接随车充电枪,仪表充电指示灯不亮的故障,现要求你依据所学相关知识对车辆作进一步诊断并排除故障,你能完成这个任务吗				
工作准备	(1)防护装备:防护用品一套(工作服、绝缘劳保鞋、护目镜、绝缘头盔、绝缘手套); (2)车辆、台架、总成:比亚迪秦 EV 或其他新能源汽车一辆; (3)专用工具、设备:拆装专用工具; (4)手工工具:新能源汽车维修组合工具; (5)辅助材料:高压维修警示牌和设备、绝缘地胶、二氧化碳灭火器、清洁剂				
任务要求	(1)本操作任务主要完成该车故障的诊断与排除; (2)能够正确使用维修工具				

资讯

请阅读教材中的"知识准备",完成以下内容。

(1)请简述交流充电接口针脚的含义。

(2)请简述交流充电 CC/CP 控制策略。

（3）请简述交流模式的充电条件。

（4）请简述交流充电系统常见的故障检修方法。

计划和决策

请根据任务要求，确定所需要的场地和物品，并对小组成员进行合理分工，制订详细的工作计划。

1）准备工作

人员分工			
小组编号		组长	
小组成员		自己承担任务	
准备场地和物品（检查并记录完成任务需要的场地、设备、工具及材料）			
场地	要求：检查工作场地是否清洁及存在安全隐患	□清洁　□不清洁 □安全 □存在隐患	处理记录：
车辆、充电桩、总成、工件	车辆： 充电桩： 其他：		
设备及工具	防护设备： 其他设备及工具：		
安全要求及注意事项	（1）实训车辆停在实训工位上，没有经过教师批准不可起动。经教师批准起动前，首先应先检查车轮的安全挡块是否放好，驻车制动器操纵杆是否放在 P 挡位置上（A/T），确认车前是否有人。 （2）禁止触碰任何带安全警示标识的部件。 （3）实训期间禁止嬉戏打闹		

2）制订工作方案

根据任务，进行小组讨论，确定工作方案（流程/工序）并记录。

实施和检查

根据制订的计划实施,完成以下任务并记录。

1) 填写车辆基本信息

作业项目	作业内容	参考(记录)	完成情况评价
整车型号		吉利帝豪	
工作电压		346V	
蓄电池容量		150A·h	
车辆识别代码		VIN 码	
电机型号		TZ220X503	
里程表读数		见仪表板显示	

2) 故障诊断与排除过程

作业项目	作业内容				完成情况评价
故障现象确认	(1)"ON"挡(按压起动开关)记录现象: (2)"READY"挡(按压起动开关 + 踩下制动踏板)记录现象:				
模块通信状态及故障码检查	填写故障码及故障内容:				
正确读取数据	项目	数值	单位	判断	
清除故障码并再次读取	确认故障码是否再次出现,并填写结果	□无 DTC □有 DTC,记录:			
确定故障范围	结合仪表现象、诊断数据和电路图分析,最有可能的故障范围记录:				
基本检查	线路/连接器外观及连接情况	□正常 □不正常			
	零件安装等	□正常 □不正常			
部件/电路测试	部件/线路范围	检查或测试后的判断结果			
	其他若干正确检测步骤	□正常 □不正常			
	关闭点火开关、断开蓄电池负极等,断开 IP23 插头,测量插座线路等	□正常 □不正常			
	波形采集(不用者不填)	□正常 □不正常			
故障部位确认和排除	故障类型	确认的故障位置	排除处理说明		
	线路故障		□更换 □维修 □调整		
	元件故障		□更换 □维修 □调整		

评估

根据任务完成情况,学生自我评分,教师或指定组长过程巡视/验收检查时,若发现问题直接扣分。

<table>
<tr><td rowspan="4">基本信息</td><td colspan="2">姓名</td><td colspan="2">学号</td><td colspan="2">班级</td><td colspan="2">组别</td><td></td></tr>
<tr><td colspan="2">规定时间</td><td colspan="2">完成时间</td><td colspan="2">考核日期</td><td colspan="2">总评成绩</td><td></td></tr>
<tr><td colspan="2">情境模拟</td><td colspan="7">慢充不充电的故障诊断与排除</td></tr>
<tr><td colspan="2">考核方式</td><td colspan="7">分组进行,单人操作,小组成员与教师参与考评</td></tr>
<tr><td></td><td colspan="2">考核项目</td><td colspan="2">评分标准</td><td colspan="3">教师和同学评判</td><td>分数(分)</td><td>得分(分)</td></tr>
<tr><td rowspan="7">态度</td><td colspan="2">团队合作</td><td colspan="2">是否和谐</td><td colspan="2">能和谐共事</td><td>不能</td><td>1</td><td></td></tr>
<tr><td colspan="2">拓展发言</td><td colspan="2">是否精彩</td><td colspan="2">精彩</td><td>不精彩</td><td>1</td><td></td></tr>
<tr><td colspan="2">沟通讨论</td><td colspan="2">是否积极</td><td colspan="2">积极</td><td>不积极</td><td>1</td><td></td></tr>
<tr><td colspan="2">设备安全</td><td colspan="2">有无损坏</td><td colspan="2">无损坏</td><td>有损坏</td><td>1</td><td></td></tr>
<tr><td colspan="2">人身安全</td><td colspan="2">有无损伤</td><td colspan="2">有</td><td>无</td><td>2</td><td></td></tr>
<tr><td colspan="2">生产纪律</td><td colspan="2">是否守纪</td><td colspan="2">能遵守</td><td>不能遵守</td><td>2</td><td></td></tr>
<tr><td colspan="2">现场7S管理</td><td colspan="2">是否做到</td><td colspan="2">能做到</td><td>不能做到</td><td>2</td><td></td></tr>
<tr><td rowspan="7">实际操作</td><td colspan="2">评估项目
(分值)</td><td colspan="2">自我评估</td><td colspan="2">小组评估</td><td>教师评估</td><td></td><td></td></tr>
<tr><td colspan="2">资讯</td><td colspan="2"></td><td colspan="2"></td><td></td><td>10</td><td></td></tr>
<tr><td colspan="2">计划和决策</td><td colspan="2"></td><td colspan="2"></td><td></td><td>10</td><td></td></tr>
<tr><td colspan="2">实施和检查</td><td colspan="2"></td><td colspan="2"></td><td></td><td>40</td><td></td></tr>
<tr><td colspan="2">工具使用</td><td colspan="2">测试工具,检测设备等使用是否正确</td><td>完全正确</td><td>基本正确</td><td>不正确</td><td>10</td><td></td></tr>
<tr><td colspan="2">操作过程记录</td><td colspan="2">操作过程记录是否完整</td><td>完整</td><td>一般</td><td>没记录</td><td>10</td><td></td></tr>
<tr><td colspan="3">自我总结</td><td colspan="5"></td><td>10</td><td></td></tr>
<tr><td colspan="3">教师点评</td><td colspan="6"></td></tr>
<tr><td colspan="3">签名:</td><td colspan="6"></td></tr>
</table>

任务2　快充不充电的故障诊断与排除

学生姓名		班级		学号	
实训场地		学时		日期	
客户任务	一辆新能源汽车无法进行快速充电,现要求你依据所学相关知识对车辆作进一步诊断并排除故障,请完成快充故障的检修,进而排除故障				
工作准备	(1)防护装备:防护用品一套(工作服、绝缘劳保鞋、护目镜、绝缘头盔、绝缘手套); (2)车辆、台架、总成:比亚迪秦EV或其他新能源汽车一辆; (3)专用工具、设备:拆装专用工具; (4)手工工具:新能源汽车维修组合工具; (5)辅助材料:高压维修警示牌和设备、绝缘地胶、二氧化碳灭火器、清洁剂				
任务要求	(1)本操作任务主要完成该车故障的诊断与排除; (2)能够正确使用维修工具				

资讯

请阅读教材中的"知识准备",完成以下内容。

(1)请简述直流充电口的结构。

(2)请简述直流充电车辆充电口连接确认阶段。

(3)请简述充电桩与车辆通信超时的故障特点。

(4)请简述直流充电跳枪的故障特点。

计划和决策

请根据任务要求,确定所需要的场地和物品,并对小组成员进行合理分工,制订详细的工作计划。

1)准备工作

人员分工				
小组编号			组长	
小组成员			自己承担任务	
准备场地和物品(检查并记录完成任务需要的场地、设备、工具及材料)				
场地	要求:检查工作场地是否清洁及存在安全隐患	□清洁　□不清洁 □安全 □存在隐患	处理记录:	
车辆、充电桩、总成、工件	车辆: 充电桩: 其他:			
设备及工具	防护设备: 其他设备及工具:			
安全要求及注意事项	(1)实训车辆停在实训工位上,没有经过教师批准不可起动。经教师批准起动前,首先应先检查车轮的安全挡块是否放好,驻车制动器操纵杆是否放在 P 挡位置上(A/T),确认车前是否有人。 (2)禁止触碰任何带安全警示标识的部件。 (3)实训期间禁止嬉戏打闹			

2)制订工作方案

根据任务,进行小组讨论,确定工作方案(流程/工序)并记录。

实施和检查

根据制订的计划实施,完成以下任务并记录。

1)填写车辆基本信息

作业项目	作业内容	参考(记录)	完成情况评价
整车型号		吉利帝豪	
工作电压		346 V	

续上表

作业项目	作业内容	参考(记录)	完成情况评价
蓄电池容量		150A·h	
车辆识别代码		VIN码	
电机型号		TZ220X503	
里程表读数		见仪表板显示	

2)故障诊断与排除过程

作业项目	作业内容				完成情况评价
故障现象确认	(1)"ON"挡(按压起动开关)记录现象: (2)"READY"挡(按压起动开关+踩下制动踏板)记录现象:				
模块通信状态及故障码检查	填写故障码及故障内容:				
正确读取数据	项目	数值	单位	判断	
清除故障码并再次读取	确认故障码是否再次出现,并填写结果	□无DTC □有DTC,记录:			
确定故障范围	结合仪表现象、诊断数据和电路图分析,最有可能的故障范围记录:				
基本检查	线路/连接器外观及连接情况	□正常 □不正常			
	零件安装等	□正常 □不正常			
部件/电路测试	部件/线路范围	检查或测试后的判断结果			
	其他若干正确检测步骤	□正常 □不正常			
	关闭点火开关、断开蓄电池负极等,断开IP23插头,测量插座线路等	□正常 □不正常			
	波形采集(不用者不填)	□正常 □不正常			
故障部位确认和排除	故障类型	确认的故障位置	排除处理说明		
	线路故障		□更换 □维修 □调整		
	元件故障		□更换 □维修 □调整		

📓 评估

根据任务完成情况,学生自我评分,教师或指定组长过程巡视/验收检查时,若发现问题直接扣分。

基本信息	姓名		学号		班级		组别	
	规定时间		完成时间		考核日期		总评成绩	
	情境模拟	快充不充电的故障诊断与排除						
	考核方式	分组进行，单人操作，小组成员与教师参与考评						

	考核项目	评分标准	教师和同学评判			分数（分）	得分（分）
态度	团队合作	是否和谐	能和谐共事	不能		1	
	拓展发言	是否精彩	精彩	不精彩		1	
	沟通讨论	是否积极	积极	不积极		1	
	设备安全	有无损坏	无损坏	有损坏		1	
	人身安全	有无损伤	有	无		2	
	生产纪律	是否守纪	能遵守	不能遵守		2	
	现场7S管理	是否做到	能做到	不能做到		2	
实际操作	评估项目（分值）	自我评估	小组评估		教师评估		
	资讯					10	
	计划和决策					10	
	实施和检查					40	
	工具使用	测试工具，检测设备等使用是否正确	完全正确	基本正确	不正确	10	
	操作过程记录	操作过程记录是否完整	完整	一般	没记录	10	
自我总结						10	
教师点评							
	签名：						

项目六　空调系统故障诊断与排除

任务1　汽车空调不出风的故障诊断与排除

学生姓名		班级		学号	
实训场地		学时		日期	
客户任务	一辆新能源汽车 EV160 车主反映,当开启空调风量时,未见出风,且无论如何调节出风量大小或切换各出风模式,均无效果,导致车内空气无法有效进行疏通,影响正常的驾驶体验。现要求你依据所学相关知识对车辆作进一步诊断并排除故障,你能完成这个任务吗
工作准备	(1)防护装备:防护用品一套(工作服、绝缘劳保鞋、护目镜、绝缘头盔、绝缘手套); (2)车辆、台架、总成:新能源汽车 EV160; (3)专用工具、设备:拆装专用工具; (4)手工工具:新能源汽车维修组合工具; (5)辅助材料:高压维修警示牌和设备、绝缘地胶、二氧化碳灭火器、清洁剂
任务要求	(1)本操作任务主要完成该车空调不出风故障的诊断与排除; (2)能够正确使用维修工具

📓资讯

请阅读教材中的"知识准备",完成以下内容。

(1)新能源汽车空调操作面板各按钮的含义分别是什么?

(2)新能源汽车空调送风系统作用是什么?

（3）空调如何实现风速的调节？

（4）简述空调配风系统的构成。

计划和决策

请根据任务要求，确定所需要的场地和物品，并对小组成员进行合理分工，制订详细的工作计划。

1）准备工作

人员分工			
小组编号		组长	
小组成员		自己承担任务	
准备场地和物品（检查并记录完成任务需要的场地、设备、工具及材料）			
场地	要求：检查工作场地是否清洁及存在安全隐患	□清洁　□不清洁 □安全 □存在隐患	处理记录：
车辆、充电桩、总成、工件	车辆： 充电桩： 其他：		
设备及工具	防护设备： 其他设备及工具：		
安全要求及注意事项	（1）实训汽车停在实训工位上，没有经过教师批准不可起动。经教师批准起动前，首先应先检查车轮的安全挡块是否放好，驻车制动器操纵杆是否放在P挡位置上（A/T），确认车前是否有人。 （2）禁止触碰任何带安全警示标识的部件。 （3）实训期间禁止嬉戏打闹		

2）制订工作方案

根据任务，进行小组讨论，确定工作方案（流程/工序）并记录。

实施和检查

根据制订的计划实施,完成以下任务并记录。

1) 填写车辆基本信息

作业项目	记录作业内容	参考(记录)	完成情况评价
整车型号		吉利帝豪	
工作电压		346V	
蓄电池容量		150A·h	
车辆识别代码		VIN码	
电机型号		TZ220X503	
里程表读数		见仪表板显示	

2) 故障诊断与排除过程

作业项目	作业内容				完成情况评价
故障现象确认	(1)"ON"挡(按压起动开关)记录现象: (2)"READY"挡(按压起动开关 + 踩下制动踏板)记录现象:				
模块通信状态及故障码检查	填写故障码及故障内容(不用者不填):				
正确读取数据	项目	数值	单位	判断	
清除故障码并再次读取	确认故障码是否再次出现,并填写结果(不用者不填)	□无 DTC □有 DTC,记录:			
确定故障范围	结合现象、诊断数据和电路图分析,最有可能的故障范围记录:				
基本检查	线路/连接器外观及连接情况	□正常 □不正常			
	零件安装等	□正常 □不正常			
部件/电路测试	部件/线路范围	检查或测试后的判断结果			
	检查鼓风机电阻有无损坏	□正常 □不正常			
	检查熔断丝 SB12 是否断路以及鼓风机继电器是否正常工作	□正常 □不正常			
	检查鼓风机调速模块线路有无短路或断路	□正常 □不正常			
故障部位确认和排除	故障类型	确认的故障位置	排除处理说明		
	线路故障		□更换 □维修 □调整		
	元件故障		□更换 □维修 □调整		

评估

根据任务完成情况,学生自我评分,教师或指定组长过程巡视/验收检查时,若发现问题直接扣分。

基本信息	姓名		学号		班级		组别	
	规定时间		完成时间		考核日期		总评成绩	
	情境模拟	新能源汽车空调不出风故障的诊断与排除						
	考核方式	分组进行,单人操作,小组成员与教师参与考评						

	考核项目	评分标准	教师和同学评判		分数(分)	得分(分)
态度	团队合作	是否和谐	能和谐共事	不能	1	
	拓展发言	是否精彩	精彩	不精彩	1	
	沟通讨论	是否积极	积极	不积极	1	
	设备安全	有无损坏	无损坏	有损坏	1	
	人身安全	有无损伤	有	无	2	
	生产纪律	是否守纪	能遵守	不能遵守	2	
	现场 7S 管理	是否做到	能做到	不能做到	2	
实际操作	评估项目(分值)	自我评估	小组评估	教师评估		
	资讯				10	
	计划和决策				10	
	实施和检查				40	
	工具使用	测试工具,检测设备等使用是否正确	完全正确	基本正确	不正确	10	
	操作过程记录	操作过程记录是否完整	完整	一般	没记录	10	
自我总结					10	
教师点评						
	签名:					

任务2 汽车空调不制冷故障诊断与排除

学生姓名		班级		学号	
实训场地		学时		日期	
客户任务	北汽新能源汽车 EV160 的一位车主反映,当空调制冷功能开启时,无论如何调节制冷强度、制冷出风量大小或切换各出风模式,均无制冷效果。现要求你依据所学相关知识对车辆作进一步诊断并排除故障,你能完成这个任务吗				
工作准备	(1)防护装备:防护用品一套(工作服、绝缘劳保鞋、护目镜、绝缘头盔、绝缘手套); (2)车辆、台架、总成:新能源电动车 EV160 或其他类似新能源车型; (3)专用工具、设备:拆装专用工具; (4)手工工具:新能源汽车维修组合工具; (5)辅助材料:高压维修警示牌和设备、绝缘地胶、二氧化碳灭火器、清洁剂				
任务要求	(1)本操作任务主要完成该车空调不制冷故障的诊断与排除; (2)能够正确使用维修工具				

资讯

请阅读教材中的"知识准备",完成以下内容。

(1)空调制冷系统组成有哪些?

(2)简述新能源汽车空调工作原理。

(3)简述新能源汽车空调工作过程。

（4）简述空调压缩机的故障检修步骤。

计划和决策

请根据任务要求，确定所需要的场地和物品，并对小组成员进行合理分工，制订详细的工作计划。

1）准备工作

人员分工			
小组编号		组长	
小组成员		自己承担任务	
准备场地和物品（检查并记录完成任务需要的场地、设备、工具及材料）			
场地	要求：检查工作场地是否清洁及存在安全隐患	□清洁　□不清洁 □安全 □存在隐患	处理记录：
车辆、充电桩、总成、工件	车辆： 充电桩： 其他：		
设备及工具	防护设备： 其他设备及工具：		
安全要求及注意事项	（1）实训汽车停在实训工位上，没有经过教师批准不可起动。经教师批准起动前，首先应先检查车轮的安全挡块是否放好，驻车制动器操纵杆是否放在P挡位置上（A/T），确认车前是否有人。 （2）禁止触碰任何带安全警示标识的部件。 （3）实训期间禁止嬉戏打闹		

2）制订工作方案

根据任务，进行小组讨论，确定工作方案（流程/工序）并记录。

实施和检查

根据制订的计划实施，完成以下任务并记录。

1) 填写车辆基本信息

作业项目	记录作业内容	参考（记录）	完成情况评价
整车型号		吉利帝豪	
工作电压		346V	
蓄电池容量		150A·h	
车辆识别代码		VIN码	
电机型号		TZ220X503	
里程表读数		见仪表板显示	

2) 故障诊断与排除过程

作业项目	作业内容			完成情况评价
故障现象确认	(1)"ON"挡(按压起动开关)记录现象： (2)"READY"挡(按压起动开关+踩下制动踏板)记录现象：			
模块通信状态及故障码检查	填写故障码及故障内容(不用者不填)：			
正确读取数据	项目	数值	单位	判断
清除故障码并再次读取	确认故障码是否再次出现，并填写结果(不用者不填)	□无DTC □有DTC，记录：		
确定故障范围	结合现象、诊断数据和电路图分析，最有可能的故障范围记录：			
基本检查	线路/连接器外观及连接情况	□正常 □不正常		
	零件安装等	□正常 □不正常		
部件/电路测试	部件/线路范围	检查或测试后的判断结果		
	检查空调压缩机工作是否正常	□正常 □不正常		
	检查控制器工作是否正常	□正常 □不正常		
	检查冷媒是否充足、皮带是否老化、空调翻板是否损坏以及管路是否有水	□正常 □不正常		
故障部位确认和排除	故障类型	确认的故障位置	排除处理说明	
	线路故障		□更换 □维修 □调整	
	元件故障		□更换 □维修 □调整	

📓 评估

根据任务完成情况，学生自我评分，教师或指定组长过程巡视/验收检查时，若发现问题直接扣分。

<table>
<tr><td rowspan="3">基本信息</td><td>姓名</td><td colspan="2"></td><td>学号</td><td colspan="2"></td><td>班级</td><td colspan="2"></td><td>组别</td><td></td></tr>
</table>

基本信息	姓名		学号		班级		组别	
	规定时间		完成时间		考核日期		总评成绩	
	情境模拟	新能源汽车空调不制冷故障的诊断与排除						
	考核方式	分组进行，单人操作，小组成员与教师参与考评						

	考核项目	评分标准	教师和同学评判		分数(分)	得分(分)
态度	团队合作	是否和谐	能和谐共事	不能	1	
	拓展发言	是否精彩	精彩	不精彩	1	
	沟通讨论	是否积极	积极	不积极	1	
	设备安全	有无损坏	无损坏	有损坏	1	
	人身安全	有无损伤	有	无	2	
	生产纪律	是否守纪	能遵守	不能遵守	2	
	现场7S管理	是否做到	能做到	不能做到	2	
实际操作	评估项目(分值)	自我评估	小组评估	教师评估		
	资讯				10	
	计划和决策				10	
	实施和检查				40	
	工具使用	测试工具，检测设备等使用是否正确	完全正确	基本正确	不正确	10	
	操作过程记录	操作过程记录是否完整	完整	一般	没记录	10	
自我总结					10	
教师点评	签名:					

189

参 考 文 献

[1] 金星,钟连结,王永.新能源汽车综合故障诊断[M].成都:电子科技大学出版社,2020.

[2] 敖东光,宫英伟,陈荣梅.电动汽车结构原理与检修[M].北京:机械工业出版社,2017.

[3] 包科杰,李健.新能源汽车维护与故障诊断[M].2版.北京:人民交通出版社股份有限公司,2022.